역사의 기원

The Origin of the History

윤종수 성서 명상 시선

역사의 기원 The Origin of the History

2018년 10월 2일 초판 1쇄 인쇄
2018년 10월 8일 초판 1쇄 발행

지 은 이 | 윤종수
펴 낸 이 | 김영호
펴 낸 곳 | 도서출판 동연
등   록 | 제1-1383호(1992. 6. 12)
주   소 | 서울시 마포구 월드컵로 163-3
전   화 | (02)335-2630
전   송 | (02)335-2640
이 메 일 | yh4321@gmail.com

Copyright ⓒ 윤종수, 2018

ISBN 978-89-6447-451-8   03230
ISBN 978-89-6447-450-1   03230 (세트)

윤종수 성서 명상 시선

역사의 기원

The Origin of the History

에코바이블

1

동연

아무도

삶의 이야기를

읽으려 하지 않고

꿈과 환상을 잃어버린

이 광야의 시대에

우리의 이야기를

살려내야 한다.

희망의 이야기를

만들어야 한다.

차례

1장

기원

2장

새로운 땅으로

3장

고난을통하여

4장

거룩한 땅으로

5장

새로운 땅에서

프롤로그(Prologue)

하나님, 당신은 하나 되게 하시는 분.
하느님, 당신은 하늘 위에 계시는 분.
여호와, 당신은 스스로 계시는 분.

사람의 아들, 당신은 십자가를 지셨으며
그리스도, 당신은 하늘 위에 오르셨고
예수여, 당신은 진흙 위에 핀 연꽃.

거룩한 영, 당신은 광야의 정신이며
생명의 영, 당신은 살림의 역사이고
평화의 영, 당신은 천지의 바람이니

내가 당신 안에 있어
나는 하늘의 길을 걷나이다.
있어도 없는 듯 없어도 있는 듯
언제나 거기에 존재하는 생명의 근원이여.

당신을 따라 세상을 살아가며
당신을 따라 역사를 완성하니
당신은 처음과 나중이요 시작과 마침이나이다.
이제 마지막 남은 이 목숨을 드리오니
나를 받으시고 뭇 생명을 살리소서!

1 장

기원

1. 태초에

그때에 한 소리가 들렸다.
부드럽고 촉촉한 손길이
검은 우주를 어루만졌다.
소리 없는 광채가 어둠을 갈랐고
끝없는 자유의 운동이 시작되었다.

우리는 도상에 있었다.
빛의 날개를 타고
혼돈의 끝자락에서
변화하는 세계를 바라보았다.
따뜻한 기운이 불어왔다.

푸른 하늘이 열리고
물소리가 들려왔다.
아득한 흙냄새 속에
나무들이 솟아올랐고
꽃들이 춤을 추었다.

그들은 우리의 생명이었다.
그들은 우리 없이 존재할 수 있지만
우리는 그들 없이 존재할 수 없었다.
그들과 우리는 하나였다.

우리는 그들과 같이 살아야 했다.

먼지가 생명이 될 수 있었던 것은
거룩한 숨결을 가졌기 때문이었다.
생명은 우월이 아니었고
그 자체로 존귀한 것이었다.
존재는 동일한 것이었다.

진화는 확장이 아니었고
문화는 정복이 아니었다.
자연의 순리를 따르는 것.
거기에서 생명이 나왔다.
창조의 역사는 아직 끝나지 않았다.

나머지는 우리에게 맡겨졌다.
경탄과 겸손의 삶.
가던 길을 멈추고
손을 잡아야 했다.
거기에 희망이 있었다.

땅이 혼돈하고 공허하며 흑암이 깊음 위에 있고 하나님의 영
은 수면위에 운행하시니라. Genesis 1:2

2. 생령

세상이 어떻게 시작되었는지는
아무도 몰랐다.
그것은 자체로 신비였다.
우리는 그렇게 태어났다.

그때는 그가 없었다.
의식은 그 후의 일이었다.
우리는 다만
그의 손길을 느낄 수 있었다.

그가 그의 숨결을
우리에게 주었다.
산다는 것은
그의 선물이었다.

그것이 그의 의지였다.
모든 시작에는
의지가 있어야 했다.
모든 것은 거기에서 출발했다.

그때부터 나는 알았다.
바로 그것이

그가 원하는 것이었다.
느낄 수 있다는 것.

느낌이 없다는 것은
이미 죽은 것이었다.
또 다시 죽을
필요도 없는 것.

나는 눈을 뜨고
그를 바라보았다.
처음 세상이
열리고 있었다.

그의 생기가
내 뱃속에 들어와 자리를 잡았다.
불이 타올랐다.
하늘의 생각이 시작되었다.

여호와 하나님이 땅의 흙으로 사람을 지으시고 생기를 그 코
에 불어넣으시니 사람이 생령이 되니라. Genesis 2:7

3. 금령

하던 일을 멈추고
욕망을 바라보라.
무엇을 따르는가?
무엇을 원하는가?

보기만 하라.
경탄만 하라.
꼭 먹어야 맛인가?
너의 창조자도 보기만 하였다.

네 손으로 가져와
다 소유해야 되는가?
모두 먹어야 되는가?
마지막 열매는 지켜야 되지 않는가?

무엇이 부족한가?
먹으면 신비가 끝나는 것이고
에덴의 동산에서 쫓겨나는 것이니
무욕이 바로 생명의 열쇠인 것이다.

너의 마음을 지키라.
만물의 신성을 깨닫고

겸손과 수행의 삶을 살라.
보기만 하고 손을 대지 말라.

함부로 범하지 말라.
그 마지막은 허무인 것이니
자신의 이익을 위해서
너의 창조자를 이용하지 말라.

사랑은 애증이 아니요
지배와 정복이 아니며
탐욕과 허욕이 아니고
함부로 판단하지 않는 것이다.

그것만은 먹지 말라.
그날은 반드시 죽게 될 것이니
더러운 욕심을 버리고
헛된 환영에서 벗어나라.

선악을 알게 하는 나무의 열매는 먹지 말라. 네가 먹는 날에는
반드시 죽으리라. Genesis 2:17

4. 네가 어디 있느냐?

나무 밑에서
그 소리를 들었다.
갑자기 두려움이 몰려왔다.
나는 버림을 받는 것인가?

내가 벗었다는 게
너무 수치스러웠다.
무언가로 나를
감추고 싶었다.

먹는 것이
그렇게 큰 죄인가?
나는 그것 때문에
죽어야 하는 것인가?

그것은 나의 선택이었다.
나는 그것을 알고 싶었다.
삶의 끝은 어디인지?
우리의 한계는 어디까지인지?

하지 말라는 억압과
해서는 안 된다는 금령이

나에게는 견딜 수가 없었다.
그렇게 살고 싶지는 않았다.

그 순간은 너무 달콤했다.
목구멍을 통해
뱃속으로 내려가는 짜릿함.
곧 이어 후회가 몰려왔다.

희열은 지나갔고
감각은 사라졌다.
난 무엇을 한 것일까?
검은 공포가 하늘을 덮었다.

먹을 자유도 있지만
먹지 않을 의지도 있었는데…
먹는 즐거움도 있지만
참는 기쁨도 있는 것인데…

여호와 하나님이 아담을 부르시며 그에게 이르시되 네가 어디
있느냐? Genesis 3:9

5. 이브의 신화

먹으면 안 돼.
영원히 죽게 될 거야.
하나님 같이 된 댔어.
선악을 아는 지혜를 얻게 된대.

말도 안 돼.
먹으라고 만드셨겠지.
지혜를 얻게 된다며?
그것을 원하시는 것이 아닐까?

너희는 사람이야.
선악을 판단할 수 없어.
그가 정해준 대로 살아야지.
그 안에서 살아야하는 거야.

그런 게 어디 있어?
운명을 넘어서야지.
난 벌벌 떠는 꼴을 못 봐.
자식이 애비보다는 나아야지.

여기에서 쫓겨날 거야.
고통이 시작되겠지.

힘들게 땅도 갈아야하고.
피눈물을 흘리게 될 거야.

여기에서 평생을 살려고?
새로운 땅으로 나가봐야지.
신세계를 개척하는 맛도 있잖아.
난 새로운 곳을 가보고 싶어.

우리가 힘을 합하면 못할 게 없어.
그는 아마 그것이 두려웠겠지.
그래서 자기 손안에 가두어두려고.
그것을 원하는 인간들도 있잖아?

그리하여 그녀는 선악과를 따서
아담과 같이 나누어 먹었다.
그들은 해 뜨는 동쪽으로 나아갔다.
이렇게 해서 인간의 역사는 시작되었다.

아담이 그 아내의 이름을 하와라 불렀으니 그는 모든 산 자의
어머니가 됨이더라. Genesis 3:20

6. 에덴의 불 칼

다시는 돌아오지 말라.
과거를 생각하며 아쉬워하지 말고
그때를 그리워하며 껄껄 하지 말라.
현재의 자리에서 머뭇거리지 말고
네가 한 선택에 너의 목숨을 걸라.

앞으로 나아가라.
끊임없이 발걸음을 내딛으라.
그것만이 너의 살길이다.
그 자리에 멈추는 순간
너는 화석이 될 것이다.

아무데서나 쉬지 말라.
머물만한 곳을 찾으라.
개미도 진창에 집을 짓지 않는다.
새들도 썩은 나무엔 깃들지 않는다.
일을 하지 않고는 먹지도 말라.

쉽게 머리 숙이지 말라.
우상과 권력 앞에 무릎을 꿇지 말고
거룩한 자존심을 세우라.
너는 나의 형상이니

하나밖에 없는 유일한 존재이니

세상을 다스리라.
주어진 땅을 가꾸라.
현상을 두려워하지 말고
생명과 함께 살아가라.
무엇보다 너의 마음을 지키라.

영혼의 지혜를 닦으라.
두발을 든든히 땅에 딛고 서라.
조급하게 서두르지 말고
항상 바탕을 튼튼히 하라.
마지막까지 목표에서 눈을 떼지 말라.

그곳은 너희가 돌아갈 곳이 아니다.
한번 뱉은 것을 다시 주어먹겠는가?
그것은 이미 만들어진 장소가 아니라
너희가 세워야 할 진리의 나라인 것이니
이것이 내가 네 앞에 불 칼을 둔 이유인 것이니

.

이같이 하나님이 그 사람을 쫓아내시고 에덴동산 동쪽에 그룹
들과 두루 도는 불 칼을 두어 생명나무의 길을 지키게 하시니
라. Genesis 3:24

7. 네 아우가 어디 있느냐?

그렇게 쉽게 되는 것은 없다.
그렇게 빨리 벗어날 수는 없다.
네가 분하여 함은 어찌됨이며
안색이 변함은 어찌됨이냐?

넌 네 아우의 피를 흘렸다.
넌 네 아우의 억울한 피를 마셨다.
죄 없는 목숨이 사라졌다.
넌 그에 대해 책임을 져야 한다.

사랑은 피가 필요하다.
그것이 내가 피를 요구하는 이유이다.
난 피가 흐르는 심장을 요구한다.
난 생명의 제물을 원한다.

넌 피의 값을 갚아야 한다.
넌 형제의 몫까지 탈취했다.
넌 너무 많이 가졌다.
너의 한계를 넘어섰다.

너를 바쳐 선을 행하지 않고
네가 제물이 되지 않는다면

죄가 문에 엎드릴 것이다.
넌 죄를 다스려야 한다.

네가 네 형제를 지키지 아니하면
누가 네 형제를 돌보겠는가?
네가 너의 형제를 지킨다면
그것이 너의 울타리가 될 것이다.

그러나 네가 너의 형제를 외면하고
네 형제를 유기한다면
그의 핏 소리가 땅에서부터
내게 호소할 것이다.

어차피 너의 목숨은 끝이 났다.
이제 세상 끝으로 나아가라.
거기에서 선을 행할 곳을 찾으라.
그것이 네가 살아남는 마지막 방법이다.

네 아우 아벨이 어디 있느냐? 그가 이르되 내가 알지 못하나이다. 내가 내 아우를 지키는 자니이까? Genesis 4:9

8. 네가 무엇을 하였느냐?

끝없는 길이 이어졌다.
끝이 보이지 않았다.
어디까지 가야 하는 것인가?
막다른 길을 걸어가고 있었다.

나는 최선을 다하였다.
그보다 더 할 수는 없다.
난 정성을 다해 제물을 드렸다.
꼭 피가 있어야 되는가?

그 신은 그렇게
피를 좋아하는 것인가?
그렇다면 피를 보면
되지 않겠는가?

너무 분하고 억울했다.
화가 치밀어 올랐다.
더 이상 참을 수가 없었다.
결판을 내야 했다.

내가 선을 행하지 않았단 말인가?
얼마나 더 잘해야 선이란 말인가?

어떻게 해야 마음에 든단 말인가?
죄를 이기는 끝은 어디란 말인가?

어쩔 수 없는 일이었다.
그렇게 할 수밖에 없었다.
인내하는 것에도
한계가 있는 법이다.

내가 항상 그를 지킬 수는 없었다.
나는 나의 할 일이 있는 것이고
나도 살아야 되는 것 아닌가?
자기는 결국 자기가 지켜야 되는 것.

나는 나의 길을 갈 것이다.
이것이 내가 걸어가야 할 길이라면
기꺼이 이 길을 갈 것이다.
못 다한 그의 삶을 살아내야 한다.

네가 무엇을 하였느냐? 네 아우의 핏 소리가 땅에서부터 내게
호소하느니라. Genesis 4:10

9. 가인의 표

그가 피를 좋아하신다고?
피를 좋아하는 것은 칼리야.
그것은 유목민의 신이지.
그들은 피를 먹고 살지.

우리는 농사를 좋아했어.
평화롭지 않으면 농사를 지을 수 없지.
그래서 우리가 그들에게 당한거야.
그들은 번개처럼 나타나 모두 쓸어가 버리지.

우리는 질 수밖에 없었어.
그들은 뺏기 위해 무기를 만들었고
우리는 힘을 합해서 농사를 지었지.
그것이 지금까지 계속되는 거야.

내가 아벨을 죽였다고?
그 사실을 그대로 믿는 거야?
역사의 기록은 뒤집어 읽어야 해.
선입견을 가지면 진실을 볼 수가 없지.

물론 우리도 당하고 있을 수만은 없었어.
지렁이도 밟으면 꿈틀한다고.

우리가 한 일은 아주 적은 것이지.
그것은 정당방위야.

이마의 표?
그들은 우리에게 낙인을 찍었어.
우리는 그렇게 해서라도 살아남아야 됐지.
어떻게든 살아남아야 진실을 밝힐 수 있잖아?

이제 때가 되었어.
이 문명은 오래 가지 못해.
피로 세워진 문명이 얼마나 가겠어.
벌써 해체의 징조들이 나타나고 있지.

대 의식의 전환이 일어나야 해.
완전히 삶을 바꾸지 않으면 희망이 없어.
지배의 시대가 끝나고 새 문명이 시작될 거야.
우리는 그 마지막 목격자가 되겠지.

가인에게 표를 주사 그를 만나는 모든 사람에게서 죽임을 면
하게 하시니라. Genesis 4:15

10. 여호와의 이름

죽음의 땅에서
당신의 이름을 부릅니다.
희망의 주님!
생명의 주여!

어둠의 역사 속에서
당신이 일어서야 합니다.
스스로 그 이름을
드러내야 합니다.

욕망의 땅에서
영성을 세웁니다.
탐욕을 멸하소서!
죄악을 씻으소서!

전쟁의 땅에서
평화의 이름을 외칩니다.
우리의 눈을 열어
당신을 보게 하소서!

미움의 땅에서
사랑의 이름을 전합니다.

당신을 따라
장벽을 넘게 하소서!

증오의 땅에서
용서를 구합니다.
또 다른 폭력으로 나아가지 않고
가슴으로 그것을 품게 하소서!

나를 드리겠사오니
내가 제물이 되겠사오니
불굴의 용기를 주시고
영생의 믿음을 주소서!

이 절망의 땅에서
당신의 뜻을 따릅니다.
이 어둠의 땅에서
새벽의 제단을 쌓습니다.

셋도 아들을 낳고 그 이름을 에노스라 하였으며 그때에 사람
들이 비로소 여호와의 이름을 불렀더라. Genesis 4:26

11. 노아의 방주

방주를 만들라.
이것이 네가 해야 할 마지막 일이다.
인간들의 포악함이 땅에 가득하구나.
그 끝 날이 내 앞에 이르렀도다.

저들의 욕망과 탐욕이 끝이 없구나.
제 분수를 모르고 날뛰고 있다.
자기 배와 목구멍만 가득 채우며
창조의 세계를 지옥으로 만들고 있다.

이 땅은 개벽이 필요하다.
부한 자들은 빈자들에게 무릎을 꿇을 것이요
가진 자들은 버린 자들을 칭송하게 될 것이다.
많이 맡은 자들은 많이 갚아야 한다.

먹은 만큼 지고 갈 것이며
태운 만큼 마시게 될 것이다.
버린 만큼 쓸어야 될 것이요
만든 만큼 삼켜야 될 것이다.

내가 이 땅을 정화시킬 것이다.
생명의 기운이 있는 모든 육체를

천하에 멸절시켜버릴 것이니
땅에 있는 것들이 다 사라질 것이다.

그러나 너에게 새 땅을 맡기리니
너와 너의 가족들은 방주로 들어가고
모든 생물을 너에게로 이끌어 들여
너와 함께 생명을 보존하라.

생명의 방주를 만들라.
자만과 욕심을 버리고 가난하고 소박하게 살라.
쓸 생각보다 아낄 생각을 하며
착취하고 지배하거나 전쟁을 하지 말라.

너희 먹을 모든 양식을
방주로 가져와 나누어 먹으라.
너를 통해 세상이
건짐을 받으리라.

너는 고페르 나무로 너를 위하여 방주를 만들되 그 안에 칸들
을 막고 역청을 그 안팎에 칠하라. Genesis 6:14

12. 무지개 언약

무지개를 볼 때마다
그의 약속을 생각한다.
다시는 홍수로 멸하지 아니하리라.
새로운 세상을 일으키리라.

자기의 창조물을 심판할 수밖에 없는
그의 마음을 생각한다.
포악함이 땅에 가득하므로
내가 그들을 땅과 함께 멸하리라.

멸망으로 치닫는 세상을 보며
탄식하는 그를 생각한다.
내가 창조한 것들을 지면에서 쓸어버리리라.
이는 내가 그것들을 지었음을 한탄함이니라.

무지개가 그의 약속이라고 믿는
그들을 생각한다.
구름으로 땅을 덮을 때에 무지개가 나타나면
내가 나와 너희 사이의 내 언약을 기억하리니

그들의 희망을 보는
나 자신을 바라본다.

무엇을 할 수 있을 것인가?
무엇 때문에 살아가고 있는가?

그의 약속이
내게서 체화된다.
신비가 삶이 되고
약속이 믿음이 된다.

이브의 신화가 내 신화가 되고
에덴의 불 칼은 나의 불 칼이 된다.
가인의 표지는 나의 표지가 되고
노아의 방주는 나의 방주가 된다.

하늘의 무지개를 볼 때마다
그의 간절한 마음을 생각한다.
생육하고 번성하여 땅에 충만하라.
땅을 경작하고 모든 생물을 다스리라.

내가 내 무지개를 구름 속에 두었나니 이것이 나와 세상 사이
의 언약의 증거니라. Genesis 9:13

13. 바벨탑

반역의 시간이었다.
삶의 의미도 알지 못하고
인생의 방향도 잃어버린 채
모독의 세월을 살아가고 있었다.

성읍과 탑을 건설하고
그 탑 꼭대기를 하늘에 닿게 하여
우리 이름을 만방에 드러내자.
온 지면에 흩어짐을 면하자.

그것이 문명의 발상이었고
그것으로 우리는 생존해왔지만
적어도 인간인 우리들은
세상에 온 뜻을 알아야 하지 않겠는가?

그것은 그들의 음모였다.
우리의 눈을 멀게 하고
우리의 생각을 흐리게 하는
무지와 맹목의 신앙이었다.

그것은 또 다른 쓰레기였고
푸른 하늘을 가리는 것이었다.

그것은 헛된 신기루였고
더러운 우상을 숭배하는 것이었다.

우리가 세울 탑은 영성의 탑이었고
우리가 살아야 할 삶은 겸손이었다.
우리는 진리의 순례자로
흩어져 떠나야 되었다.

이렇게 오랜 세월이 지난 후
이제 그 사실을 깨닫고
새로운 역사를 시작한다.
생명의 강은 어디로 흐르는가?

다시 시작해야 한다.
흩어진 삶의 흔적을 모아
태초의 수풀을 살려내야 한다.
어머니의 품으로 돌아가야 한다.

자, 성읍과 탑을 건설하여 그 탑 꼭대기를 하늘에 닿게 하여 우
리 이름을 내고 온 지면에 흩어짐을 면하자. Genesis 11:4

2 장

새로운 땅으로

14. 부르심

하늘이 그를 부르고 있었다.
본토 친척 아비의 집을 떠나
내가 네게 보여 줄 땅으로 가라.
그는 상수리나무 옆에 장막을 쳤다.

첫째 하늘을 지나
셋째 하늘에 이르는
세계 나무의 솟대에는
하늘 새가 노래를 부르고 있었다.

그 노래를 따라
알지 못하는 땅을 찾아갔을 때
거기 거룩한 산 아래에
마르지 않는 샘물이 있었다.

떠날 수 있는가?
떠날 자신이 있는가?
떠난다는 것은 자신을 던지는 것이며
현재의 삶을 포기하는 것이다.

그것은 새로운 출발이다.
그것은 새로운 역사를 쓰는 일이다.

그것은 삶에 전율을 일으키고 영혼을 뒤흔드는 일이다.
그래서 그것은 새로운 역사의 길을 내게 된다.

성을 쌓는 자와 길을 내는 자.
그대는 어느 편에 서있는가?
성을 쌓는 자는 현재를 사랑하고
길을 내는 자는 미래를 바라본다.

바벨과 우상의 도시를 떠나고
미신과 오염의 문명을 떠나야 한다.
생태와 자연으로 돌아가야 한다.
하늘 새의 숲에서 살아야 한다.

날마다 떠나야 한다.
아침에도 떠나고 저녁에도 떠나야 한다.
떠나는 자만이 생명의 세계에 들어갈 수가 있는 것.
하늘의 계시는 길 위에서 주어진다.

여호와께서 아브람에게 이르시되 너는 너의 고향과 친척과 아
버지의 집을 떠나 내가 네게 보여줄 땅으로 가라. Genesis 12:1

15. 롯의 선택

소돔 가까이 나아갔다.
거기에 장막을 쳤다.
멋진 곳이었다.
눈부신 강이 흐르고 있었다.
감각이 살아나는 것 같았다.
자유의 바람이 스쳐 지나갔다.

그래, 이 맛이야.
이 정도는 되어야지.
활짝 핀 미래가 그의 앞에 펼쳐졌다.
그는 도시가 좋았다.
그곳은 재미가 있었다.
이름을 감추고 숨을 곳이 많았다.

사람이 모이는 곳에
먹을 것도 있는 법이다.
독수리가 모이는 곳에
시체도 있지 않겠는가?
그래서 성인은 광야로 보내고
나 같은 놈은 도시로 보내라 한 모양이다.

너무 심각한 예언자들은

지구의 종말을 걱정한다.
생태 예언자들은
기후의 붕괴를 선언한다.
그러나 그렇게 쉽게
세상이 망하기야 하겠는가?

신앙도 적절해야 한다.
너무 많이 알아도 병이다.
돈은 많을수록 좋고
적당히 소비해야 세상도 돌아간다.
미쳐야 미치는 것이지
미치지 않으니 미칠 수가 있겠는가?

때로는 전쟁과 기근도 필요하다.
그래야 우리도 먹고 살 수가 있다.
단순히 기도만하면 되는 것이지,
굳이 자신을 던질 필요까지는 없지 않은가?

이에 롯이 눈을 들어 요단 지역을 바라본즉 소알까지 온 땅에
물이 넉넉하니 여호와께서 소돔과 고모라를 멸하시기 전이었
으므로 여호와의 동산 같고 애굽 땅과 같았더라. Genesis 13:10

16. 하갈

어디로 가느냐?
집으로 돌아가라!
너무 쉽게 포기하지 말라.
주어진 운명을 회피하지 말라.

다시 일어서라.
너의 삶을 견뎌내라.
네 주인에게 복종하고
기쁨으로 순종하라.

그것도 하늘이 내신 것이다.
하늘이 허락하지 않는다면
참새 한 마리도
땅에 떨어지지 않으리라.

때를 기다리라.
언젠가 너의 때가 올 것이다.
때가 되면 하늘이 열리리니
그때까지 참아내라.

맡겨진 일에 충성하라.
너의 짐을 지고 나아가라.

그것은 굴종이 아니다.
끝까지 하늘을 바라보라.

눈을 감지 말라.
네 씨가 번성하여
셀 수 없게 될 것이다.
하늘이 네 고통소리를 들으셨다.

그는 들 나귀 같이 되리니
그도 또한 나라를 이룰 것이다.
나는 항상
너를 보고 있다.

너는 나를
살피시는 하나님이라 하였으니
나는 너를
기필코 찾을 것이다.

사래의 여종 하갈아! 네가 어디서 왔으며 어디로 가느냐? 그가
이르되 나는 내 여주인 사래를 피하여 도망하나이다. Genesis
16:8

17. 의인

당신의 정의와 생명을 위해
자기 생각과 욕망을 내려놓고
그의 나라와 의를 실현하려는
의인 열 명이 없다는 것입니까?

그렇다면 그들은
무엇을 위해 살아가는 것입니까?
그들이 원하는 것은 무엇입니까?
그들이 원하는 나라는 어떤 나라입니까?

나만의 강대한 나라를 원하지 않습니다.
세상의 생명들과 같이 살아가기를 원합니다.
어찌하여 주께서는 의인을
악인과 함께 멸하려 하십니까?

당신의 뜻을 따르려는
의인 오십 명이 있다면 어찌 하시겠습니까?
아니 그중 다섯 명이 부족하면 어찌 하시렵니까?
거기에서 사십 명을 찾으시면 어찌하시겠습니까?

용서하옵소서!
삼십 명을 찾으면 어찌 하시겠습니까?

감히 주께 아룁니다.
이십 명을 찾으시면 어찌 하시겠습니까?

이번만 간청하겠습니다.
그곳에서 열 명을 찾으시면 어찌 하시겠습니까?
왜 대답을 하지 않으십니까?
이 커다란 도시에 의인 열 명이 없다는 것입니까?

그러면 희망이 없다는 말씀이십니까?
진정으로 사랑을 찾는 의인 열 명이 없고
모두 타자의 얼굴만 있다는 것입니까?
그래서 멸망할 수밖에 없다는 것입니까?

고난에 처한 이들의 현실을 직시하지 않는 인간은
그가 그렇게 하는 순간,
바로 비인간화의 길을 걸어가게 된다는 것을
그들은 진정 모른다는 말입니까?

주는 노하지 마옵소서! 내가 이번만 더 아뢰리이다. 거기서 십
명을 찾으시면 어찌하려 하시나이까? 이르시되 내가 십 명으
로 말미암아 멸하지 아니하리라. Genesis 18:23

18. 소돔

어디로 갈 것인가?
성 밖으로 나가라고 하신다.
이 도시를 떠나라는 것이다.

잘못된 선택이었을까?
그래도 살만한 곳이라 생각했다.
같이 살아갈 수 있으리라 여겼다.

그곳은 물댄 동산 같았다.
이집트의 나일 강처럼
아름다운 정원이 펼쳐져 있었다.

양의 꽁무니나 쫓아다니고
염소 똥 냄새를 맡는 것은
이제 진력이 났다.

반듯한 집이나
삶의 질을 따지는
수준 높은 사람들이 좋았다.

여자들은 사향 냄새가 났고
탐스러운 과일들과

달콤한 빵들이 넘쳐났다.

탁월한 선택이었다.
아이들도 좋아했고
새로운 삶이 시작되었다.

이들에게 한 가지 흠이 있다면
하늘의 뜻에는 관심이 없다는 것이다.
사랑과 정의, 수행과 절제를 알지 못한다는 것이다.

그것이 문제였다.
가치와 의미를 잊어버리고
편안함과 즐거움이 삶의 전부가 되어버리는 것.

헛된 것이었다.
도시는 끝이 나버렸다.
파멸의 날이 선언된 것이다.

도망하여 생명을 보존하라. 돌아보거나 들에 머물지 말고 산으
로 도망하여 멸망을 면하라. Genesis 19:17

19. 불비

엄청난 일이었어요.
무서운 불비가 내려왔어요.
유황불 냄새가 천지를 찌르고
뜨거워 너무 뜨거워
세상은 거품처럼 녹아내렸어요.
생명체들은 소리도 없이
일순간에 사라져갔어요.

산까지 갈 시간이 없었어요.
우리는 소돔에서 가까운
작은 마을로 도망을 갔어요.
돌아본다는 것이 우스웠어요.
미련을 가질 필요도 없었어요.
무언가를 남겨놓는다는 것이
아무런 의미가 없었어요.

우리가 거기까지 가는 동안
태양은 하늘에서 길을 멈추었고
세상은 어떤 소리도 들리지 않는
정지된 침묵의 시간이었어요.
창조 이전의 태초처럼
초침 소리만 허공에 들렸어요.

그것은 하늘의 신음이었어요.

우리가 밤새도록 내달려
그 작은 마을로 들어가는 순간
마침내 태양은 떠올랐고
그때 불비가 내리기 시작했어요.
그것이 바로 지옥이었어요.
모든 생명체들은 불에 타버렸고
검은 땅만 연기 속에 남았어요.

이렇게 고생대가 끝나고
신생대가 시작되었는데
다시 이 시대가 끝나면
어떤 세상이 시작될 것인가요?
그렇게 불을 좋아했던 사람들이
불꽃처럼 모두 다 사라져버렸어요.
난 그 첫 번째 목격자가 된 셈이죠.

여호와께서 하늘 곧 여호와께로부터 유황과 불을 소돔과 고모
라에 비같이 내리사. Genesis 19:24

20. 바침

사랑하는 아이야,
너는 우리의 기쁨이었다.
네가 우리에게 찾아온 후로
우린 천군만마를 얻은 듯하였다.

너는 주님의 선물이었다.
우리의 삶은 황무지와 같았다.
아무런 낙이 없었다.
우리의 부가 무슨 의미가 있었겠니?

우리로서 믿음의 대가 끝나는 거였다.
우리가 세운 모든 것이 헛된 것이었다.
주의 약속은 물거품이 되는 것 같았다.
하늘은 짙은 먹구름이 덮고 있었다.

그때 네가 찾아온 거야.
생명의 비가 내렸고 마른 땅이 살아났다.
너는 우리의 모든 것이 되었다.
너를 통해 강이 흘러갈 수 있게 되었다.

그런데 이게 무슨 날벼락이란 말인가?
주께서 너를 번제로 바치라는 것이다.

이게 말이라도 되느냐는 말이다.
줄때는 언제고 바치라는 것은 무엇이냐?

차라리 처음부터 주지를 말 것이지.
주었다 뺐었다 변덕이 이리 팥죽이란 말이냐?
그러고도 우리가 그를 따라야 한단 말이냐?
그는 그렇게도 피를 좋아하신다는 말이냐?

그래, 가족과 부족을 넘어서라는 것이겠지.
너에게 세상의 땅이 아니라
하늘의 씨앗을 남겨주라는 뜻이겠지.
그의 나라는 의인의 헌신이 필요하다는 것이겠지.

오, 주여!
나를 버리나이다.
내 아이를 바치나이다.
우리의 피를 드리나이다.

여호와께서 이르시되 네 아들 네 사랑하는 독자 이삭을 데리고 모리아 땅으로 가서 내가 네게 일러 준 한 산, 거기서 그를 번제로 드리라. Genesis 22:2

21. 준비

어찌 처음부터 이상했지.
아버진 환상을 보신 것 같았어.
갑자기 나에게 산을 오르자고 하시더라고.
그 산은 사람들이 번제를 드리는 곳인데
아버지는 그런 것을 싫어하셨거든.

산을 오르는 아버지의 발걸음이 흔들리셨어.
이마에서는 짙은 땀이 흘러내렸고
얼굴은 고통으로 일그러지셨지.
두 손을 모으고 기도하는 모습은
모든 것을 버린 성자의 자세였어.

사람은 누구나 그렇게 한 번 쯤은
영혼의 밑바닥까지 내려가야 되는 모양이야.
죽음을 넘어선 곳에 새로운 세상이 열리는 거겠지.
그런데 장작과 불은 내가 들고 가는데
번제할 양은 어디에도 보이지 않는 거야.

나는 아버지에게 물었어.
아버지, 불과 나무는 있는데 번제할 양은 어디에 있나
요?
아버지는 꺼져가는 작은 목소리로 대답을 하셨어.

아이야, 번제할 어린 양은 주께서 친히 준비를 하실
거야.
우리는 기대에 찬 눈으로 멀리 산을 바라보았지.

드디어 우린 정상에 오르게 되었어.
아버진 정성스레 장작을 쌓아놓고
결연한 목소리로 나에게 말씀을 하셨지.
아이야, 주께서는 너를 원하신단다.
너는 주님의 뜻을 이루기 위해서 제물이 되어야 한다.

나는 언제나 그것을 기다려 왔어.
하나님의 역사에는 언제나 제물이 필요한 것이지. 제
물 없이 이루어지는 제사가 어디 있겠어.
그런데 이제 내가 그 제물이 되어야 한다는 거야.
나는 조용히 눈을 감고 머리를 숙였지.

아버진 그런 나의 모습에 더 마음이 아프신 것 같았어.
모든 것을 체념하고 받아들이는 나의 모습이 더 힘드
신 거야.
그러나 어떻든 사람은 누구나 한 번은 죽어야 되는 것
이고
하나님의 역사를 위한 제물이 되는 것이 가장 가치가
있지 않겠어?
역사는 바로 그런 사람을 필요로 하는 것이겠지.

아버지가 손을 높이 들어 칼을 내리치는 그 순간,

태양도 멈추고 바람도 길을 잃어버리는 것 같았어.
바로 그때 수풀 속에서 양 한 마리가 소리를 지르는
거야.
그 소리는 바로 주님의 음성으로 우리에게 들려왔어.
"여호와의 산에서 준비되리라!"

하나님은 내 대신 벌써 한 양을 준비하신거야.
그리고 나는 그 죽음의 자리에서 벗어나게 되었어.
나는 모든 것을 내려놓았어.
나는 이미 바쳐진 목숨이거든.
이제 나의 남은 삶은 여분으로 주어진 것이지.

아브라함이 그 땅 이름을 여호와 이레라 하였으므로 오늘날
까지 사람들이 이르기를 여호와 산에서 준비되리라 하더라.
Genesis 22:14

22. 이별

먼저 가세요.
뒤따라가겠습니다.
그대와 함께한 시간들은
내 마음에 뿌려진 보석이었습니다.

나의 어여쁜 자여!
열국의 어머니여!
우린 서로의 내면에서
우주를 보았습니다.

메마른 땅에서
그대의 손을 잡고
하늘의 별들을 바라보았습니다.
우리가 헤쳐 왔던 수많은 세월들.

어차피 나그네 세상입니다.
모두가 처음 살아보는 낯선 삶입니다.
언젠간 헤어져야 할 세상.
다만 시간의 차이일 뿐.

이제 그대를 위해
한 뼘의 땅을 준비했습니다.

이것은 우리 아이들의
영원한 터전이 될 것입니다.

이것이 우리가 세상에 남기는 것이고
이것이 우리가 세상에 온 목적이라면
우리는 기쁨의 미소를 띠우며
서로의 손을 놓을 수 있습니다.

잘 가세요.
당신을 위해 한 그루의 나무를 심겠습니다.
그리고 언젠가 한 알의 열매가 떨어질 때마다
우리는 당신을 기억할 것입니다.

나의 영원한 연인이여!
나의 마지막 사랑이여!
나의 꿈이요 나의 삶이여!
그대의 눈동자에 나의 입술을 놓습니다.

사라가 가나안 땅 헤브론 곧 기럇아르바에서 죽으매 아브라함
이 들어가서 사라를 위하여 슬퍼하며 애통하다가. Genesis 23:2

23. 엘리에셀

나의 친구여!
우린 오랫동안 같이 지내왔네.
우린 눈만 보아도 서로 뜻을 알 수가 있었지.
난 한 번도 그대를 종으로 생각한 적이 없네.
우리는 지금까지 생명을 나눈 친구로 살아왔네.

우린 힘을 합해 믿음의 가문을 일으켜 세웠지.
우린 많은 고난과 어려움을 견뎌왔네.
목마름과 배고픔을 같이 참으며
수많은 죽음의 고비를 넘어왔어.
우리의 소유는 모두 공동의 것이라네.

얼마나 오랜 세월을 같이 살아왔는가?
백년을 산다는 것이 바로 이런 것이겠지.
사람은 오래 겪어봐야 진정을 알 수가 있는 거야.
금방 좋았다가 싫어지는 몇 푼의 이익이 아니라
생명을 주고받는 그런 관계가 필요한 것이네.

사랑하는 친구여!
그대는 한 번도 나의 말을 거역한 적이 없네.
이제 그대에게 나의 마지막 부탁을 하겠네.
지금까지 그래왔던 것처럼

이 늙은이의 간청을 들어줄 거라고 믿네.

내 가슴에 손을 넣어보게.
아직도 이렇게 심장이 뛰고 있네.
내 심장은 처음 부르심을 받은 그때부터
이때까지 박동을 멈춘 적이 없었지.
이것이 바로 생명의 박동이라네.

이 박동이 끝나면
나는 하늘로 돌아가겠지.
그 전까지 나는 마지막 할 일을 해야 하네.
그 일을 마치기 전에는 눈을 감을 수가 없네.
내 아들의 사랑을 이루어주게.

내 고향으로 가서 내 아들을 위한 사랑을 구해달라는
거네.
내 아들이 절대로 그쪽으로 가서는 안 되네.
거기에서 이쪽으로 와야만 된다네.
그것은 바로 떠남과 결단을 의미하는 것이고
그것이 새로운 세계를 세울 수 있는 비결이겠지.

우리가 죽은 목숨이었을 때
주께서는 우리에게 아들을 주셨네.
그는 반드시 주의 뜻을 이루어야 하네.
이것이 우리의 마지막 기도인 것이지.
우린 반드시 생명의 강물을 흐르게 해야 하네.

아브라함이 자기의 집 소유를 맡은 늙은 종에게 이르되 청하
건대 내 허벅지 밑에 네 손을 넣으라. Genesis 24:2

24. 성공을 주소서

생명의 주님,
우리 가운데 계신 주여!
당신 없이 우린 존재할 수 없고
당신은 우리 가운데 거하시는 신성이십니다.

여기까지 인도하신 주여,
우리의 앞길을 인도하소서!
우리 앞길의 여정 속에서
생명의 역사를 보게 하소서!

나에게 성공을 주소서!
우리에게 은혜를 베푸소서!
낙타들이 성 밖 우물곁에 무릎을 꿇었으니
여인들이 물을 길러나오리이다.

내가 한 잔의 물을 청하겠사오니
그때 나에게 물을 마시게 할뿐 아니라
낙타에게도 물을 마시게 하는 그 여인이 바로
당신의 종을 위하여 정하신 자로 알겠나이다.

천만인의 어미는
이런 사랑을 가져야 하나이다.

생명의 어머니는
뜨거운 눈물을 주어야 하나이다.

우리의 사랑을 위하여
생명의 가슴이 필요하나이다.
우리의 대지는
연민의 마음을 기다리나이다.

위대한 어머니여!
거룩한 모성이여!
그대가 일어나야 합니다.
그대가 살려내야 합니다.

허울의 너울을 벗어들고
온 몸으로 맞서야 합니다.
전쟁과 파괴의 이 행성에
생명의 젖을 물려야 합니다.

그 어머니를 주셔야 하나이다.
불과 연기로 뒤덮인 이 땅에
생명의 비를 내리셔야 하나이다.
이것이 우리의 유일한 기도입니다.

우리 주인 아브라함의 하나님 여호와여! 원하건대 오늘 나에게
순조롭게 만나게 하사 내 주인 아브라함에게 은혜를 베푸소서!
Genesis 24:12

25. 리브가

내 주여,
생명의 물을 마시소서!
이 물을 마시고 힘을 내소서!
당신의 뜻을 이루소서!

어찌 물 한 잔 이겠습니까?
당신의 낙타를 위하여도
배불리 마시게 하겠습니다.
사랑의 샘물을 나누겠습니다.

하늘의 순례자여,
오늘 밤엔 저희 집에 유하소서!
밤이슬이 차갑습니다.
바람이 살 속으로 파고듭니다.

당신의 발을 녹이소서!
피곤한 몸을 누이소서!
목마른 목을 축이소서!
허기진 배를 채우소서!

이것을 위해 살아왔고
이일을 위해 존재했습니다.

모두가 나누면 생명인 것이며
이것이 바로 하늘의 길입니다.

당신을 기다렸습니다.
어젯밤 꿈속에서
주께서 찾아오셨습니다.
동쪽에서 빛이 비쳤습니다.

주께서 나를 부르셨습니다.
주께서 나를 사랑하셨습니다.
내 가슴에 사랑의 불을
타오르게 하셨습니다.

내가 가겠나이다.
천만인의 어머니가 되겠나이다.
이 가슴으로 생명을 살리겠나이다.
나의 씨앗으로 생명의 역사를 이루겠나이다.

리브가를 불러 그에게 이르되 네가 이 사람과 함께 가려느냐?
그가 대답하되 가겠나이다. Genesis 24:58

26. 사랑을 위하여

나를 위해 기도해주세요.
어찌하여 이렇게 가셨나이까?
하늘도 빛을 잃고 태양도 길을 잃어
내 마음은 사막이 되었습니다.

네게브를 헤매며
어머니를 찾았습니다.
멀리서 들려오는 목소리에
마음의 닻은 끊어졌습니다.

어머니와 같이 걷던
그 길을 걸었습니다.
그리움이 꽃이 되어
사랑으로 피어납니다.

목마름이 강물처럼 흐르고
강물이 말라붙어 광야가 되었습니다.
어머니의 얼굴이 떠오르지 않습니다.
당신의 미소가 보이지 않습니다.

먼 길을 건너온
어머니의 사랑이여!

너울을 들어올려
화관을 써보세요.

어머니의 장막에
그대의 둥지를 틀고
생명의 카페트를
수놓아 주세요.

비어 있는
내 조그만 방에
그대의 꽃을
피워 주세요.

나의 어여쁜 자여!
위로의 여인이여!
가슴에 넘쳐오는
사랑의 기쁨이여!

이삭이 리브가를 인도하여 그의 어머니 사라의 장막에 들이고
그를 맞이하여 아내로 삼고 사랑하였으니 이삭이 그의 어머니
를 장례한 후에 위로를 얻었더라. Genesis 24:67

27. 오욕

생을 마감합니다.
오랜 세월을 살았습니다.
참으로 아쉬운 세월입니다.
아무것도 모르고 살아왔습니다.

어디에 먹을 것이 있는가,
어디에 마실 것이 있는가,
보이는 세상만 바라보았습니다.
보이지 않는 당신을 잃어버렸습니다.

목숨이 아까워 거짓말을 했습니다.
무력과 폭력이 두려워
진리위에 서지 못하고
구차하게 생명을 구걸하였습니다.

약속을 기다리지 못하고
태산처럼 버티지 못하고
못 이겨 어쩔 수 없는 듯
속으로 웃음을 지었습니다.

홀로가 싫어
또 다시 정액을 흘렸고

씨앗을 싸질러
쟁투를 낳았습니다.

아, 열국의 아비가 아니라
욕망의 아비가 되었습니다.
존귀의 아비가 아니라
오욕의 아비가 되었습니다.

하지만 당신은 날 받아주십니다.
어머니 대지 위에
나의 육신을 누입니다.
마지막 노래를 부릅니다.

광야에 시내가 흐르고
거기에 꽃들이 피었습니다.
이것이 기적입니다.
모두가 은혜입니다.

아브라함의 향년이 백칠십 오세라. Genesis 25:7

28. 아브라함

태우소서!
당신의 불로
나의 더러운 욕심을.
남아있는 한 줄기
욕망의 부스러기를.

나, 다시 태어나
푸른 하늘로 날아올라
유유히 활공하는 독수리처럼
눈을 부릅뜨고 허리를 곧추세워
그대를 따라가고파.

무엇이 나를 잡아끌어
오염된 땅에 앉아
하루를 지새우게 하는가?
침이라도 뱉고 일어나고 싶지만
무엇 때문에 질긴 목숨을 부지하는가?

더러운 생애와 끝없는 탐욕.
한계를 알지 못하는
문명의 골짜기에서
새로운 세상을 꿈꾸는

미래는 어디에 있는가?

아름다움을 찾아
영혼을 가꾸는 아이들아!
이제 그대들에게
나의 꿈을 남기노라.
생명의 유산을 넘기노라.

나, 이제 눈을 감고
사랑으로 들어가노라.
지나온 생애를 마감하고
내 발의 흙을 털어버리노라.

그대 앞에서
조용히 눈을 감으리라.
세 번째 하늘로 올라가
나, 영원히 잠들리라.

그의 나이가 높고 늙어서 기운이 다하여 죽어 자기 열조에게
로 돌아가매. Genesis 25:8

3 장

고난을 통하여

29. 섬김

사랑하는 아이들아!
너희는 한 배에 타고 있단다.
같은 세상에서 살아야 해.
하나가 죽으면 같이 죽는 거야.
네 형제가 살아야
너도 사는 거지.

다름은 틀린 게 아니란다.
모두 다 같을 순 없어.
모양도 다르고 특성도 다르지.
다름이 없이 증식하면 폭발하는 거야.
서로 조화를 이루는 것이
아름다움이고 생명이 아니겠니?

물론 나라는 다를 수 있지.
사는 곳도 다르고 언어도 다르지만
그것은 지배와 전쟁을 위한 것이 아니라
나눔과 협력을 위해 있는 것이란다.
삶의 목적이
삶의 본질을 결정하는 것이지.

강한 것이 무엇이겠니?

누가 진정으로 강한 것이겠니?
힘이 센 자와 싸움을 잘 하는 자가 아니라
그릇이 크고 마음이 넓은 자이겠지.
강한 자에게서
먹는 것이 나오는 법이야.

당연히 큰 자가 어린 자를 섬기는 법이지.
그리고 섬기는 자가 더 큰 자인 것이고.
역사는 아직 끝나지 않았단다.
누가 진정한 큰 자인 가는 마지막에 증명이 될 거야.
지구를 등에 지고 생명을 품는 자가 희망이란다.

전쟁은 멸망의 길이야.
사악한 세력의 무서운 유혹이지.
사람들은 그것을 모르고 종말로 치닫고 있어.
평화의 길만이 생명의 길인 것이고
그것을 위해 너희는 이 땅에 태어난 거란다.

그 아들들이 그의 태속에서 서로 싸우는지라. 이 족속이 저 족
속보다 강하겠고 큰 자가 어린 자를 섬기리라. Genesis 25:23

30. 야곱

생긴 것은 내가 먼저인데
나온 것은 왜 네가 먼저야?
내가 너에게 질 수는 없지.
발뒤꿈치라도 잡아야겠어.

삶은 생존경쟁이야.
뒤지는 것은 지는 것이고
그러면 역사에서 사라지는 거지.
난 절대 너에게 지지 않을 거야.

잠간 늦었다고
그것이 삶을 결정할 수는 없지.
누구든지 노력하면
넘어설 수 있는 거야.

밀려나는 것은 참을 수가 없어.
어떻게든 첫째를 차지하고 말 거야.
역사는 둘째를 기억하지 않지.
그들은 조용히 사라지는 거야.

아버지는 너를 좋아하지.
난 어머니를 붙잡을 거야.

그리고 신을 붙들고 늘어질 것이고.
반드시 너를 누르고야 말겠어.

배가 많이 고프지?
너의 장자권을 내게 팔라고.
지금 먹고 살아야지.
명분이 무슨 소용이 있겠어?

기회가 있을 때 움켜쥐는 거야.
양보 같은 것은 웃기는 얘기지.
그건 배부른 자들이 하는 소리야.
난 그런 것은 원하지 않아.

그 권리를 내게 팔라고.
내가 값을 두둑이 쳐줄게.
진리와 믿음, 그런 건 말하지 말고
즐길 수 있을 때 즐기는 거야.

야곱이 떡과 팥죽을 에서에게 주매 에서가 먹고 마시고 일어
나 갔으니 에서가 장자의 명분을 가볍게 여김이었더라. Genesis
25:34

31. 장자권

사람은 일생에 한 번쯤은
승부를 걸어야 할 때가 있다.
성공의 기회를 붙잡기 위해
자신을 던져야 한다.

그것도 사십 전에는
승기를 잡아야 한다.
그 때가 넘어서면
거기에 머물게 된다.

역사의 한 페이지를 남겼던
위대한 승리자들을 보라.
자신의 모든 것을 투신해
한판을 잡은 사람들이다.

그것에 실패한 사람들은
뒷전으로 물러나게 된다.
누구나 인생에 한 번쯤은
기회가 온다고 하지 않는가?

오늘이 바로 그날이다.
아버지는 모든 축복을

형에게 물려주려 한다.
보고 있을 수만은 없다.

아버지는 눈이 어둡고
어머니는 내 편이다.
나 그 축복을 받아야 한다.
그래야 장자권이 넘어온다.

발 빠르게 별미를 만들어
아버지를 속이면 된다.
양가죽을 팔에 붙이고
형의 옷을 입으면 된다.

성공은 수단이 있어야 된다.
성공은 수단을 합리화시킨다.
승자는 승리로 그 증명을 하고
패자는 역사에서 사라지는 것이다.

내 아들아, 네가 어떻게 이같이 속히 잡았느냐? 그가 이르되 아
버지의 하나님 여호와께서 나로 순조롭게 만나게 하셨음이니
이다. Genesis 27:20

32. 탄식

아버지, 어찌 된 일입니까?
이미 끝나버렸다니요?
그게 말이나 되는 것입니까?
지금까지 저의 노력은 무엇이 되는 겁니까?

아니, 그것도 모르셨습니까?
아무리 눈이 어둡기로서니
이 아들을 모르셨다는 말입니까?
당신의 장자를 버리시는 것입니까?

의도적으로 그러신 건 아닙니까?
비록 간발의 차이일지라도
제가 아버지의 장자입니다.
장자권은 나의 소유입니다.

그놈은 교활한 놈입니다.
그놈은 내가 배가 고플 때
팥죽 한 그릇에 그것을 빼앗아 가고
이제 아버지의 축복까지 가로챘습니다.

다시 축복해주세요.
그놈이 받은 축복을 무효로 하세요.

그렇게 말만 하시면 됩니다.
말은 언제든지 바꿀 수 있는 것 아닙니까?

그놈이 어머니와 짜고 내 축복을 탈취해갔습니다.
이것은 사기입니다.
이것은 공모입니다.
난 반드시 되찾을 것입니다.

아버지가 빌 복이 이 하나 뿐입니까?
나를 위해 빌 복을 남기지 않으셨습니까?
내 아버지여, 내게 축복하소서!
내게도 그리하소서!

남아있는 복이라도 주세요.
자식은 부모의 축복을 먹고 삽니다.
나를 버리지 말아주세요.
나는 당신의 장자입니다.

그 아버지 이삭이 그에게 대답하여 이르되 네 주소는 땅의 기
름짐에서 멀고 내리는 하늘 이슬에서 멀 것이며. Genesis 27:39

33. 벧엘

나는 혼자입니다.
내 곁에는 아무도 없습니다.
죽음의 손길을 피해
어둠의 광야를 지납니다.

새벽이 되었습니다.
당신만 바라봅니다.
당신의 종이 되기를 원합니다.
당신의 집을 세우겠습니다.

나만 먹고 살겠다는 것이 아닙니다.
당신의 증거자가 되겠습니다.
당신의 살아계심을 증언하겠습니다.
뭇 생명을 살리겠습니다.

당신의 소리통이 되겠습니다.
당신의 메아리를 울리겠습니다.
당신의 계시를 전하겠습니다.
축복의 통로가 되겠습니다.

그것이 나의 소원입니다.
하늘의 샘물을 터뜨려주세요.

그 샘물이 흘러가게 해주세요.
한 번만 기회를 허락해주세요.

생명의 호수가 되겠습니다.
수많은 물고기들이 살아가는 깊은 물이 되겠습니다.
태고의 신비를 가직한 큰 산이 되겠습니다.
당신의 오색 기운이 흐르는 영롱한 구름이 되겠습니다.

나를 다시 돌아오게 해주시면
여호와께서 나의 하나님이 되실 것이요
내가 기둥으로 세운 이 돌이 하나님의 집이 될 것이요
당신이 주신 모든 것에서 십분의 일을 반드시 드리겠
습니다.

당신과 함께 가겠습니다.
어디를 가든지
당신의 뜻을 따라
평생을 살아가겠습니다.

야곱이 잠이 깨어 이르되 여호와께서 과연 여기 계시거늘 내
가 알지 못하였도다. Genesis 28:16

34. 라헬

나에게 새 세상을 열어주고
나에게 희망을 가져다준 이여!
나에게 삶의 의미를 부여해주고
나에게 인생의 목표를 세워준 이여!

세상은 살아갈만한 의미가 있습니다.
인생은 도전할만한 가치가 있습니다.
당신이 나에게 준 것이 바로 이것입니다.
난 매일 아침 기쁨으로 하루의 눈을 뜹니다.

나는 사랑으로 세상을 바라봅니다.
내가 세상에 존재하는 이유는 당신입니다.
내가 사는 세상은 당신으로 모아집니다.
세상은 그대의 꽃이 피어나는 정원입니다.

당신의 정원사가 되겠습니다.
아름다운 삶의 꽃을 피우겠습니다.
당신의 태양이 되어 세상을 밝히고
당신의 구름이 되어 비를 내리겠습니다.

매일 땀을 흘리며 생명의 농사를 짓겠습니다.
매일 하늘을 바라며 생명의 기도를 올리겠습니다.

매일 당신과 함께 주어진 생명의 길을 걸어가겠습니다.
매일 당신을 바라보며 그 눈망울에 생명을 부어드리
겠습니다.

칠년이 아니라
칠십년도 견디어 낼 수 있습니다.
그대와 함께라면
어떠한 광야도 헤쳐갈 수 있습니다.

나에게로 오세요.
나의 꽃이 되어주세요.
우리 같이 생명의 꽃을 피우게요.
나의 어여쁜 자여, 나의 영원한 사랑이여!

그대와 함께
길을 걷습니다.
순간이 영원이 되는
기적을 만들어 가겠습니다.

야곱이 라헬을 위하여 칠 년 동안 라반을 섬겼으나 그를 사랑
하는 까닭에 칠 년을 며칠 같이 여겼더라. Genesis 29:20

35. 나의 집

내 일을 주세요.
내 일을 하고 싶습니다.
나는 내 집을 세워야 합니다.
언제까지 따라가야 하는 것입니까?

사랑의 꿈에서 깨어나니
눈앞에 현실이 다가옵니다.
당신이 주는 밥만 먹을 수 없습니다.
이제 내가 밥을 만들어야 합니다.

가족을 살려야 합니다.
나의 품삯을 쳐주세요.
내가 일한 정당한 값을 주셔야 합니다.
내가 수고한 값을 받아야 하겠습니다.

지금까진 사랑을 위해 살았지만
이제부턴 나의 집을 세워야 합니다.
내 인생을 경영해야 합니다.
내 가치를 보여주어야 합니다.

다시 양떼를 먹이고 지키겠습니다.
이제부터 일하면서 얻은

아롱지고 점이 있고 검은 양은
나의 것으로 삼겠습니다.

믿음의 집을 세우겠습니다.
부족주의와 이기주의를 넘어
세상에 임하는 하나님의 나라를 세우겠습니다.
생명의 강이 아니라면 무슨 유익이 있겠습니까?

생명의 집을 세웁니다.
모두가 같이 살아가는
공동체의 나라를 꿈꿉니다.
사랑과 정의의 강이 흐르는 하나님의 나라입니다.

그것을 위하여
나는 부름을 받았습니다.
그 꿈을 이루기 위해
여기까지 찾아온 것입니다.

내가 오기 전에는 외삼촌의 소유가 적더니 번성하여 떼를 이루었으니 내 발이 이르는 곳마다 여호와께서 외삼촌에게 복을 주셨나이다. 그러나 나는 언제나 내 집을 세우리이까? Genesis 30:30

36. 브니엘

당신만 바라보았습니다.
당신이 내 삶의 전부였습니다.
당신이 너무나 그리웠습니다.
당신만 만나면 살 수 있을 것으로 생각했습니다.

당신 밖에 없었습니다.
다른 선택이 없었습니다.
다른 움켜잡을 것이 없었습니다.
당신은 나의 필연이었고 운명이었습니다.

지금까지 당신을 기다려왔습니다.
나를 축복하소서!
나를 받아주소서!
그렇지 아니하면 보내지 아니하겠습니다.

차라리 나를 거두어 주세요.
내 이 몸뚱이를 가져가세요.
썩어질 이 한 육신으로
무엇을 이룰 수 있겠습니까?

새 이름을 주세요.
평생 당신과 씨름한 삶이

무슨 의미가 있는 것입니까?
당신의 얼굴을 보여주세요.

당신의 이름을 알려주세요.
당신의 정체를 밝혀주세요.
그렇게 어둠 속에 숨어있지만 말고
만방에 그 이름을 드러내 보세요.

이제 당신이 움직이셔야 합니다.
기적을 일으켜야 합니다.
새 역사를 시작해야 합니다.
나는 그것을 기다려왔습니다.

오늘도 태양은 솟아오르고
나는 당신을 기다립니다.
언제까지나 하염없이
당신 앞에 앉아 있습니다.

야곱이 그 곳 이름을 브니엘이라 하였으니 그가 이르기를 내
가 하나님과 대면하여 보았으나 내 생명이 보전되었다 함이더
라. Genesis 32:30

37. 만남

강을 건너면
하늘로 들어간다.
세상의 욕망도
하룻밤의 꿈이려니

때가 되면
모두가 떠나야 하고
하늘이 부르면
집착에서 깨어난다.

강이 흐른다.
세월도 흐르고
사랑도 흐르고
고통의 강이 흘러간다.

지금까지 저 속에서
모래의 성을 쌓아왔다.
서로의 발목을 잡아
진흙탕으로 들어갔다.

허영의 강을 거슬러
허무의 강을 지나고

허망의 강을 건너간다.
건너온 다리를 끊는다.

다시는 돌아가지 못할
세속의 강을 넘어간다.
완벽한 자.
해방된 자.

강을 건너니
하늘이 보인다.
원래 있었던
하나인 우리.

우리가 돌아가야 할 곳.
거기에서 우리는
하나가 되어야 한다.
그의 꿈을 이루어야 한다.

에서가 달려와서 그를 맞이하여 안고 목을 어긋맞추어 그와
입 맞추고 서로 우니라. Genesis 33:4

38. 수치

나를 더럽혔다.
더러운 줄 알면서도
그 순간이 즐거웠다.
추악한 모습이었다.

자신이 어디에 있는지,
아무런 관심이 없었다.
이런 땅에서
우리는 살아간다.

먹어서 더럽히고
욕심 부려 더럽히고
쾌락으로 더러워진
그 마음을 키워왔다.

억울한 피가 흐르고
생명이 죽어나간다.
피 묻은 입술들이
우리의 자화상이다.

자기 무덤 속에서
하루를 즐거워하며

마구 써대는 소비는
생명의 살상이다.

그것은 가장 무서운 자살이다.
이것은 천대로 내려갈 저주이다.
아무런 생각도 없이
메일을 실아간나.

자신을 부끄러워하고
다시는 되풀이 하지 않는 것이
구원과 생명을 지키는 것일 진대
오늘 그것이 필요하다.

아무하고나
몸을 섞을 수 없다.
그것이 그가 원하는
생명의 길인 것이다.

야곱의 아들들이 그들에게 말하되 우리는 그리하지 못하겠노
라. 할례 받지 아니한 사람에게 우리의 누이를 줄 수 없으니 이
는 우리의 수치가 됨이니라. Genesis 34:14

39. 엘벧엘

다시 올라가자.
벧엘의 하나님께.
처음에 보았던
하늘의 문으로.

다시 돌아가자.
그 절박한 순간.
오직 모든 것을
그에게만 걸었던 곳.

다시 돌이키자.
흩어진 삶에서
마음으로 멀어진
순수한 사랑.

다시 사랑하자.
식지 않는 정열.
진리의 열정으로
언제나 변함없었던

다시 시작하자.
처음부터 꿈꾸었던

같이 살아가는
사랑의 집.

다시 제단을 쌓자.
모든 우상을 묻어버리고
모든 먼지를 털어버리고
하늘에 이르는 향기로운 제사.

다시 일어서자.
그 이름을 부르며
생명의 땅을 찾아
벧엘로 올라가자.

그곳이 우리가 가야할
영원의 본향인 것이니
거기에 올라
영혼의 노래를 부르자.

우리가 일어나 벧엘로 올라가자. 내 환난 날에 내게 응답하시
며 내가 가는 길에서 나와 함께 하신 하나님께 내가 거기서 제
단을 쌓으려 하노라. Genesis 35:3

40. 베노니

아이야!
나는 가지만
너만은 살아다오.
내 뜻을 이루어다오.

생명이 태어날 때마다
죽음의 고비를 넘나드니
우리의 삶은
목숨을 건 투쟁이다.

그 고통으로
세상은 존재하며
우리의 고통은
하늘 뜻을 이루는 것이다.

나의 아이야!
생명을 지키는 건
우리가 할 수 있는
가장 귀한 일이다.

생명은 생명을 낳고
생명은 다시 죽어

또 다른 생명으로
탄생하나니

내 한 목숨 바쳐
너를 남겨둔다.
사랑의 아이야!
너는 마지막 희망이다.

고통의 아이야!
그것을 이겨내고
오른 손의 아이가 되라.
생명의 길을 열라.

이것이 생명을 담지하고
죽음에 저항하는
유일한 희망인 것이니
너를 위해 오늘도 기도를 드린다.

라헬이 죽게 되어 그의 혼이 떠나려 할 때에 아들의 이름을 베
노니라 불렀으나 그의 아버지는 그를 베냐민이라 불렀더라.
Genesis 35:18

40. 꿈꾸는 자

태초에 꿈이 있었다.
꿈은 행동을 낳고
행동은 현실이 되었다.
세상은 참으로 보기에 좋았다.

꿈은 소원이다.
꿈은 목표이다.
꿈은 또 다른 역사를 위한
생명의 약동이다.

세상은 꿈으로 창조되고
생명은 그 꿈대로 나아간다.
그래서 꿈은 하나님의 일이고
꿈꾸는 사람은 하나님의 사람인 것.

오늘도 나는 꿈을 꾼다.
누구도 막을 수 없는
혁명의 노래를 부른다.
역사는 항상 꿈으로 시작된다.

머리를 쳐들고
눈을 부릅뜬 자에게

힘으로 둘러선 자들은
머리를 숙이게 된다.

해와 달과
열 한 별도
꿈꾸는 자에겐
경의를 표하게 된다.

오늘도 난 이렇게
그 꿈으로 살아간다.
꿈이 없는 인생은
잃어버린 영혼인 것이니

난 꿈을 먹고 살아가고
꿈으로 길을 걸어간다.
그리고 마침내 그 꿈으로
나의 삶을 마치게 될 것이다.

요셉이 다시 꿈을 꾸고 그의 형들에게 말하여 이르되 내가 또
꿈을 꾼즉 해와 달과 열한별이 내게 절하더이다. Genesis 37:9

42. 배신

저기 꿈꾸는 자가 온다!
자, 그를 죽여 구덩이에 던지고
악한 짐승이 그를 잡아먹었다 하자.
그의 꿈이 어떻게 되는지 우리가 지켜보자.

그의 생명을 해치지는 말자.
피까지 흘리지는 말자.
그를 광야에 던지고
손을 그에게 대지는 말자.

우리가 그를 죽이고
그의 피를 덮어둔들 무엇이 유익할까?
그를 상인에게 팔고
그에게 우리 손을 대지 말자.

꿈이란 것은 허황된 것이다.
꿈꾸는 자는 위험 분자이다.
무슨 꿈같은 것을 꾼다고 그래.
잠자코 흐르는 대로 따라가는 거다.

우리가 직접 손을 댈 필요도 없다.
지들끼리 피터지게 싸우도록 버려두자.

우리 손에 피를 묻힐 것도 없다.
그것이 지혜로운 거다.

손해 보는 장사를 할 것은 없다.
뭔가 한 푼이라도 남겨야 한다.
그게 경제적이고 실용적인 거다.
싸게 사서 비싸게 팔아야 한다.

남김없이 빨아먹는 거다.
어떻게든지 지금 먹고 즐기는 게 최고다.
후대를 생각하고 양심을 따질 것도 없다.
벌써 그것은 아마추어이고 이상주의이다.

팔 수 있을 때 팔아야 하고
죽일 수 있을 때 죽여야 한다.
그 기회가 지나가면
평생을 두고 후회할 것이다.

그때에 미디안 상인들이 지나가고 있는지라. 형들이 요셉을 구덩이에서 끌어올리고 은 이십에 그를 이스마엘 사람들에게 팔매 그 상인들이 요셉을 데리고 이집트로 갔더라. Genesis 37:28

43. 다말

역사는 강물처럼 흘러가는 거야.
그 속에서 물고기들은 살아가고
그 물줄기들이 흘러가는 곳마다
생명의 역사가 일어나는 것이지.

뒷전에서 고고하게 서서
흙탕물을 손에 묻히기 싫다고?
물론 그렇게 해서 자기 혼자는
잘 살아갈 수가 있겠지.

그러나 그렇게 생각하는 것은
생명의 역사를 모르는 소치인 것이야.
끊임없이 흘러가는 세월의 강물은
자기 혼자 살아갈 수 없는 것이야.

세상을 가로질러 흘러가는 강물은
수많은 물줄기들이 한데 모이고 얽혀
때로 옆으로 돌고 휘돌아 솟구치며
도도하게 대륙을 따라 흘러가는 거야.

손발을 걷어 부치고 피땀을 흘리며
적극적으로 강물 속으로 뛰어들어

역사의 방향을 주도하는 자들이
시대의 흐름을 이끌어가는 거야.

남편이 먼저 죽었다고
생명의 역사를 포기할 수는 없잖아.
그딴 것에 눈물을 흘리며
질질 짜는 것은 유약한 거야.

자기 것이 되지 않는다고
땅바닥에 설정을 해버리는 것은
생명을 버리는 악한 것이고
그렇게 해서는 역사에 기여할 수가 없지.

그가 나에게 한 약속은
언제 지킬지도 모르는 것이고
그렇다고 여기서 그만둘 수는 없는 것이지.
그와 관계를 해서라도 내 역사를 이어가야 하겠어.

여인이 끌려갈 때에 사람을 보내어 시아버지에게 이르되 이
물건의 임자로 말미암아 임신하였나이다. 청하건대 보소서! 이
도장과 그 끈과 지팡이가 누구의 것이니이까? Genesis 38:25

44. 유혹

수많은 사람들이
눈앞의 쾌락에 자기를 판다.
그것은 자기가 들어갈 무덤을
자기가 파는 것이다.

나에게 그렇지 않은 사람을
보여 달라.
남이 파놓은 무덤에
들어가는 사람들.

무언가 준비를 하지 못하고
무언가 경계를 하지 못하고
죽어가는 것을 보면서도
눈 뜨고 그곳에 빠져간다.

마지막 지켜야 할 한계를
넘지 않는 것.
먹지 말라고 한
그 명령을 지켜내는 것.

진정한 지혜는 그것을 분별한다.
진정한 승리는 그것을 참아낸다.

먹을 것과 먹지 않을 것을 구별하여
끝까지 그 선을 넘지 않는다.

모든 책임은
자기에게 있는 것이고
모든 선택은
자기가 하는 것이다.

성공을 꿈꾸는 사람은
자기를 지킨다.
자기를 지키지 못하는 사람은
성공을 지키지 못하게 된다.

그 선을 넘지 않아야 한다.
거기까지
내가 걸어갈
경계인 것이다.

이 집에는 나보다 큰 이가 없으며 주인이 아무것도 내게 금하
지 아니하였어도 금한 것은 당신뿐이니 당신은 그의 아내임이
라. 그런즉 내가 어찌 이 큰 악을 행하여 하나님께 득죄하리까?
Genesis 39:9

45. 형통

인생의 성공이란
목표를 이루는 것이다.
성공은 어떤 상황에서든지
최선을 다하는 것이다.

그럴 때 하늘도 손을 내밀어
그를 이끌어 주리니
성공은 성취를 위해
공을 들이는 것이다.

현실에 굴복하지 않고
끝까지 절망하지 않는 자에게
기필코 때가 되면
역사가 일어난다.

그는 현실을 불평하지 않는다.
그는 환경을 탓하지 않는다.
그는 어디에서든지
천국을 만들어낸다.

그는 어둠에서 빛을 창조하며
불가능에서 가능을 이끌어낸다.

그는 자유의 영혼으로
날마다 자신을 갈고 닦는다.

그는 진리위에 서서
자신의 자존감을 지켜나간다.
죽음의 자리에서 당당히 일어서는 것.
그것이 마지막의 성공이다.

성공은 어느 날 갑자기
하늘에서 떨어지지 않는다.
하루의 성공이 모이고 쌓여
일생의 성공이 되는 것이니

그렇게 우리의 삶을
마쳐야 한다.
그리고 마침내
하늘로 들어가야 한다.

간수장은 그의 손에 맡긴 것을 무엇이든지 살펴보지 아니하였으니 이는 여호와께서 요셉과 함께 하심이라. 여호와께서 그를 범사에 형통케 하셨더라. Genesis 39:23

46. 해석

꿈은 무의식의 소리예요.
우리 안에서 그는
자신의 소리를 외치는 거죠.
자신의 꽃을 피워 열매를 맺고 싶은 거예요.

우리의 꿈은 하늘의 계시예요.
자신의 신비를 밝히기 위해
숨겨진 지혜의 빛을
비추어 주는 거죠.

그것은 억눌린 자기의 표출이에요.
감추어진 것은 반드시
드러나기 마련이죠.
억압된 의식은 표현되어야 하거든요.

꿈은 간절한 소원과 이루지 못한 소원을
또 다른 세상에서 성취하는 거예요.
부정의 다른 이면이며
긍정의 강조인 것이죠.

꿈은 상징의 세계에서
신화의 옷을 입고 있어요.

보이지 않는 세계의
정신적인 탈출이죠.

꿈은 잠재의식의 보고이며
내 그림자들의 발현이에요.
내 안의 또 다른 성(性)이
의식 속에서 춤을 추고 있어요.

그것은 개성화의 과정이며
숨겨진 나의 표출이에요.
대극이 합일하기 위해
치열하게 조율하는 거예요.

꿈은 보이지 않는 세계의 정원이죠.
당신의 정원을 어떻게 가꾸시겠어요?
어떤 꿈의 나무를 심으려 하시나요?
난 생명과 희망의 나무를 심겠어요.

내가 한 꿈을 꾸었으나 그것을 해석하는 자가 없더니 들은즉
너는 꿈을 들으면 능히 푼다 하더라. Genesis 41:15

47. 총리

나는 내 왕국의 왕입니다.
집을 다스리기 전에
나를 다스립니다.

나는 내 하루의 왕입니다.
날마다 오늘을 살아가며
수행의 탑을 쌓습니다.

나는 내 인생의 왕입니다.
누가 나를 임명합니까?
하늘이 나를 내셨습니다.

어디를 가든지
그곳이 나의 영토입니다.
어디에서든지 난 나의 나라를 건설합니다.

나는 꿈의 세계를 다스립니다.
해와 달이 나의 왕관이요
별들이 나의 친구입니다.

하늘이 나의 캔버스이며
사색이 나의 그림입니다.

나의 작품은 나의 영성입니다.

생각만 해도 가슴 벅찬
지고의 영혼을
당신께 드립니다.

나는 지혜의 왕입니다.
나는 내 삶의 예술가입니다.
나는 내 몸의 조련사입니다.

나를 가꾸어갑니다.
나의 미래는
생명의 미래입니다.

내가 바로 설 때
세상이 바로 섭니다.
나는 당신의 종입니다.

너는 내 집을 다스리라 내 백성이 다 네 명령에 복종하리니 내
가 너보다 높은 것은 내 왕좌뿐이니라. Genesis 41:40

47. 변명

이 아이 대신에
내가 당신의 종이 되겠습니다.
이 아이는 형제들과 함께
올려 보내소서!

아버지는 이 아이와
하나로 묶여 있습니다.
이 아이가 가지 못하면
아버지도 살지 못하실 것입니다.

이 아이가 나와 함께 가지 아니하면
내가 어찌 아버지께 갈 수가 있겠습니까?
아버지의 얼굴을
다시 뵈올 수가 없습니다.

모두 다 나의 죄악입니다.
내가 잘못을 저질렀습니다.
내가 천하에 나쁜 놈입니다.
내가 일백 번 죽일 놈입니다.

내가 바로 서지 못했습니다.
내가 나서서 불의를 막아야 되었습니다.

내가 몸을 사렸습니다.
내가 용기가 없었습니다.

그 죄가 너무 중합니다.
내가 그 죄를 갚겠습니다.
내가 그 십자가를 지겠습니다.
여기에 나의 생명을 내려놓겠습니다.

다시는 해를 끼칠 수 없습니다.
또 다시 죄를 묵인하고
비겁한 자리에 머무를 수 없습니다.
죽임과 파괴의 공범이 될 수 없습니다.

내가 쌓은 업보가
나에게로 돌아옵니다.
내가 그것을 풀어야 합니다.
내가 생명의 제물이 되겠습니다.

이제 주의 종으로 그 아이를 대신하여 머물러 있어 내 주의 종
이 되게 하시고 그 아이는 그의 형제들과 함께 올려 보내소서!
Genesis 44:33

49. 해후

내가 바로 그 꿈쟁이입니다.
내 아버지께서 아직도 살아 계십니까?
한 시도 아버지를 잊어본 적이 없습니다.
날마다 고향을 바라보며 피눈물을 흘렸습니다.

당신들은 나를 팔았습니다.
당신들은 내 울부짖음에 귀를 막았습니다.
그러나 그 속에서 난 하늘의 소리를 들었습니다.
나무는 겨울에 더 단단하게 자라납니다.

가까이 오세요.
많은 세월이 지났네요.
그동안 얼마나 힘드셨나요?
나보다 더 마음이 아프셨을 거예요.

이미 지나간 이야기입니다.
나는 오래전에 용서를 끝냈습니다.
자세히 얼굴을 보고 싶네요.
형제들을 안아보고 싶습니다.

우린 하늘의 뜻을 이루는 도구입니다.
우린 합력하여 선을 이루어야 합니다.

이제 그 일이 우리에게 남았네요.
더 이상 무엇을 바라겠어요.

모두 풀어야 합니다.
땅에서 풀면 하늘에서도 풀어질 것이고
땅에서 매면 하늘에서도 매이게 될 것입니다.
우리에게 그 열쇠가 주어졌습니다.

미움의 골이 채워지고
차가운 증오가 녹아내립니다.
해한 자는 풀 권리가 없습니다.
당한 자가 그 고리를 풀어야 합니다.

미움이 풀어질 때
마음이 열려질 것이고
마음이 열려질 때
하늘이 열려질 것입니다.

당신들이 나를 이곳에 팔았다고 해서 근심하지 마소서! 한탄하
지 마소서! 하나님이 생명을 구원하시려고 나를 당신들보다 먼
저 보내셨나이다. Genesis 45:5

50. 나그네 길

이게 무슨 말입니까?
내 아들이 살아있다구요?
내 아들이 총리가 되었단 말이지요?
아, 하늘은 이 늙은이의 기도를 듣고 계셨군요.

그분은 정확하신 분입니다.
반드시 이루시는 분입니다.
우리가 드린 기도는 불멸입니다.
때가 되면 기필코 역사가 일어납니다.

내 아들의 피 묻은 옷을 보고
수많은 밤을 탄식으로 지새웠습니다.
하늘의 뜻이 어디에 있는지 묻고 또 물었습니다.
우리가 어찌 그의 깊은 뜻을 다 알 수가 있겠습니까?

나그네 길을 걸어왔습니다.
이제 그가 부르시면
언제든지 떠나야 합니다.
왔던 곳으로 돌아가야 합니다.

내 아들이 나를 부릅니다.
이렇게 마차를 보내왔습니다.

아직도 많은 시간이 남아있습니다.
그곳에서 새로운 역사를 이루어야 합니다.

나무를 심고 농사를 지어야 합니다.
양떼를 기르고 생육해야 합니다.
믿음의 형제들이 힘을 모아
생명의 대를 이이가아 합니나.

꿈을 키우되 허황되지 않게
서두르지 않되 게으르지 않게
집착하지 않되 포기하지 않게
세월의 바람을 뚫고 나아가야 합니다.

많은 세월이 지났네요.
이제 살만큼 살았습니다.
이제 그의 뜻을 이루어야 합니다.
그의 뜻을 따라 새롭게 시작해야 합니다.

내 나그네 길의 세월이 백삼십 년이니이다. 내 나이가 얼마 못
되니 우리 조상의 나그네 길의 연조에 미치지 못하나 험악한
세월을 보내었나이다. Genesis 47:9

51. 축복

르우벤, 너는 내 장자요 내 능력과 기력의 시작이라.
위풍이 당당하고 권능이 탁월하다마는
물의 끓음을 주의하고 참음의 도를 쌓으라.

시므온과 레위는 생명을 나눈 형제니
너희의 칼은 폭력의 도구로다.
칼 쓰기를 조심하고 정의와 사랑의 칼을 들라.

유다야, 너는 네 형제의 찬송이라.
네 손이 네 원수의 목을 잡을 것이요 백성들이 네 앞에
절하리라.
위엄을 지키고 홀을 함부로 흔들지 말라.

스불론은 해변에 거주하리라.
그곳은 배가 정박하는 항구라.
그의 경계가 시돈까지 이르리니 바다로 나아가라.

잇사갈은 양의 우리 사이에 꿇어앉은 건장한 나귀
로다.
그는 쉴 곳을 좋게 여기며 토지를 아름답게 여기리라.
어깨를 내려 짐을 메고 기쁨으로 섬김의 도를 따르라.

단은 그의 백성을 심판하리라.
길섶의 뱀이요 샛길의 독사이니 말굽을 물어서 그 탄
자를 떨어지게 하리로다.
마음은 온유하게 판단은 곧게 하라.

갓은 군대의 추격을 받으나
도리어 그 뒤를 추격하리라.
목표를 놓치지 말고 끝맺음을 잘하라.

아셀에게서 나는 먹을 것은 기름진 것이라.
그가 귀한 자의 수라상을 차리리라.
어려운 자를 향해 네 손을 펴라.

납달리는 놓인 암사슴이라.
아름다운 소리를 발하는 도다.
욕망을 자제하고 생명의 노래를 부르라.

요셉은 샘 곁의 무성한 가지니 그 가지가 담을 넘었
도다.
그가 너를 도우실 것이요 그가 네게 복을 주실 것이라.
지혜로 세상을 다스리고 하나님의 나라와 의를 세
우라.

베냐민은 물어뜯는 이리라.
아침에는 빼앗은 것을 먹고 저녁에는 움킨 것을 나누
리라.

네 속에 들어있는 진아를 발견하고 하늘의 뜻을 추구
하라.

이들은 이스라엘의 열두 지파라. 이와 같이 그들의 아버지가
그들에게 축복하였으니 그들 각 사람의 분량대로 축복하였더
라. Genesis 49:28

52. 바꾸심

당신은 연금술사.
미움을 사랑으로
고난을 연단으로
우리 마음을 바꾸셨나이다.

내가 어찌 당신을 대신해
심판을 행하겠나이까?
숨어있는 뜻을 찾아
무릎을 꿇나이다.

꿈이 있는 자는
그 꿈으로 박해를 받나이다.
그들의 어두움은
꿈의 사람으로 드러나게 되나이다.

앞선 자는 길을 찾아
고통을 겪나이다.
그들은 고난을 통해
세상에 길을 내나이다.

당신은 나를 보내
길을 닦게 하셨나이다.

나의 눈을 열어
참 뜻을 보게 하셨나이다.

당신은 우리 아픔을
정금으로 바꾸시고
가시의 면류관으로
화관을 만드셨나니

선의 씨앗을 뿌리고
생명나무를 심겠나이다.
모든 것을 당신께 맡기나이다.
당신을 따라 길을 걷겠나이다.

그것을 믿고
당신을 따르겠나이다.
그것으로 나의 고백을 삼아
당신의 길을 걸어가겠나이다.

당신들은 나를 해하려 하였으나 하나님은 그것을 선으로 바꾸
사 오늘과 같이 많은 생명을 구원하게 하셨나니 내가 당신들
과 당신들의 자녀를 기르리이다. Genesis 50:20

53. 죽음

나는 간다.
생의 완성으로.
고통이나 설망이 아닌
영광이요 승리로다.

나는 떠난다.
내가 왔던 곳으로.
누구나 가야하는
마지막 길이로다.

멋진 삶이었다.
한 점의 후회도 없다.
두려움도 없고
아쉬움도 없다.

마음껏 꿈꾸었고
최선을 이루었다.
아무런 미련도
남기지 않았다.

그의 인도를 따라
여기까지 걸어왔다.

기대와 흥분으로
앞길을 헤쳐 왔다.

모든 곡기를 끊고
그에게로 돌아간다.
나에게 남은 마지막 선택.
나의 죽음은 내가 결정한다.

나를 여기에
홀로 두지 말라.
언제나 그리운 약속의 땅.
내 뼈라도 그곳에 묻어 달라.

꿈에라도 잊지 못할
믿음의 땅.
더 이상 여기에
남아있고 싶지 않다.

요셉이 그의 형제들에게 이르되 나는 죽을 것이나 하나님 당
신들을 돌보시고 당신들을 이 땅에서 인도하여 내사 우리 조
상에게 약속하신 땅에 이르게 하시리라. Genesis 50:24

4 장

거룩한 땅으로

54. 제국

오랜 역사가 흘렀다.
수없는 세월이 지나갔다.
자유의 이야기들이 사라졌고
두려움이 시작되었다.

공포의 제국이 탄생했다.
같은 먼지들이 서로를 뜯어먹고
같은 형제끼리 서로를 살상하는
피로 세워진 제국이었다.

억압과 착취가 없이는
한 번에 허물어지고
일순간에 파괴될 나라였다.
그들은 그것이 두려웠다.

던져주는 부스러기에 만족하며
쥐꼬리만 한 권력을 부여잡고
또 다른 채찍을 흔드는 자들.
그들은 그것을 즐기고 있었다.

지킬 것이 없는 자들은
생의 막다른 골목에서

알몸으로 맞서게 된다.
더 이상 물러설 곳이 없다.

그들이 하늘에 호소하면
그리하여 하늘이 눈물을 흘리면
거기에서 불길이 일어난다.
아무도 그것을 막을 수가 없다.

하늘의 외침이 들려온다.
이제 그만 두어라.
욕망의 날개를 접고
상생의 둥지를 틀라.

이제 때가 되었다.
그만 너의 자리를 털고
평화의 나라를 건설하라.
하늘의 꿈을 이루게 하라.

감독들을 그들 위에 세우고 그들에게 무거운 짐을 지워 괴롭
게 하여 그들에게 바로를 위하여 국고성 비돔과 라암셋을 건
축하게 하니라. Exodus 1:11

55. 모세

한 방울의 물이 떨어져
시냇물이 되고
그 물이 모여
강물이 된다.

그 한 방울의 물로
세상은 구원을 받는다.
그 한 방울의 비를
내리게 해야 한다.

용기 있는 한 사람이
생명의 역사를 이룬다.
두려워서 떠는 자들은
역사에 눈을 감는다.

어머니는 희망을
버릴 수가 없다.
기도의 촛불을 밝혀
강물에 띄운다.

누이는 끝까지
강을 따라 내려간다.

간절한 소원은
하늘 뜻을 이룬다.

뜻을 모으면
기적이 일어난다.
목숨을 내어놓으면
부활이 일어난다.

아이를 살려내라.
세상의 물에서 건져내라.
생명의 아이가
역사를 구원할 것이다.

물에서 건져낸 자!
그가 물에서 나오면
생명의 역사가 일어난다.
사람들을 물에서 나오게 한다.

그가 그의 이름을 모세라 하였으니 내가 그를 물에서 건져내
었음이라. Exodus 2:10

56. 거룩한 땅

당신을 찾아
길을 걸었습니다.
언제나 당신이
그리웠습니다.

조상들이 걸어왔고
우리가 걸어갈 땅.
자유를 향하여
행진할 땅.

북소리가 들립니다.
사슬을 깨뜨리고
함성을 지르는
가난한 백성들.

그 앞에 섭니다.
무릎을 꿇고
땅에 엎드려
입을 맞춥니다.

내 귀에는
고통으로 절규하는

그 소리가 들려옵니다.
불쌍한 노예들.

당신의 귀에는
그 소리가 들리지 않습니까?
당신의 가슴은
그렇게 멈추있습니까?

기적을 바라지 않습니다.
능력을 원하지 않습니다.
화려한 제국이 아니라
작은 기도의 제단입니다.

어디에 계십니까?
가시덤불 속에서 타오르는 불길.
내 눈을 열어주소서!
그 모습을 보게 하소서!

이리로 가까이 오지 말라 네가 선 곳은 거룩한 땅이니 네 발에
서 신을 벗으라. Exodus 3:5

57. 스스로 있는 자

지금까지 너를 찾았지.
난 항상 네 옆에 있었어.
생명의 한 가운데
거기가 바로 내 자리야.

나를 찾아 헤맸다고?
어디에서 나를 찾았어?
허공에서 찾지 말고
실재에서 찾아야지.

난 만들어진 우상이 아니야.
종교적 투사나 심리적 허상도 아니고
나는 스스로 있는 자야.
언제나 난 나로 존재하지.

만물은 나로 말미암고
내 안에 만물이 있지.
만물의 신비 속에 내가 있고
그 존재의 근원이 바로 나이지.

넌 나의 분신이고
넌 나의 형상이야.

아무데나 엎드려 절하지 말고
굴종하거나 굽실거리지 말고

너도 스스로 존재하는 거야.
여기 저기 달라고 하지 말고
손 비비며 애걸하지 말고
모든 것을 이미 가졌잖아.

무엇이 더 필요한 거야.
가지면 더 가지고 싶고
욕심과 집착이 가득하면
들어갈 공간이 없는 거야.

뜻을 세우고
진리의 길을 걸어야지.
하늘의 마음으로
생명의 길을 따라야지.

나는 스스로 있는 자니라. 너는 이스라엘 자손에게 이르기를
스스로 있는 자가 나를 너희에게 보내셨다 하라. Exodus 3:14

58. 네 손에 있는 것이 무엇이냐?

나는 도망자입니다.
목숨이 두려워 도망쳤습니다.
끝없는 사막을 걸어왔습니다.
이렇게까지 살아야 되는 것인지,
모래를 움켜쥐며 몸을 떨었습니다.

나는 비겁자입니다.
왕 앞에 당당히 서서
자유를 주장하지 못하고
이렇게 광야로 숨어들어
장인의 양을 치고 있습니다.

나는 살인자입니다.
혈기를 참지 못하고
감독자를 쳐 죽였습니다.
도저히 참을 수가 없었습니다.
그의 주검을 모래에 파묻었습니다.

나는 실패자입니다.
이집트의 왕자에서
히브리의 노예로 떨어졌습니다.
하루 만에 모두를 잃어버렸습니다.

이제 아무런 힘도 남아있지 않습니다.

나는 무능자입니다.
말더듬이에
세 치 혀도 놀리지 못하는
입이 뻣뻣하고
혀가 눈한 자입니다.

이제 가진 것 없는
한낱 짐승을 치는 필부입니다.
그들의 똥을 치우며
그들의 젖으로 연명하는
나약한 늙은이입니다.

보낼만한 자를 보내소서!
훈련된 군대도 없고
따르는 백성도 없는
황막한 광야의
양치기 목자에 불과합니다.

여호와께서 그에게 이르시되 네 손에 있는 것이 무엇이냐? 그
가 이르되 지팡이니이다. 그것을 땅에 던지라. Exodus 4:2

59. 내 백성을 보내라

위대하신 황제여,
한때 당신은 나의 아버지였습니다.
나는 당신의 사랑과 총애를 받던
이집트 제국의 계승자였습니다.

나의 손에 천하가 있었고
나의 위엄에 초목이 떨었습니다.
그러나 제국의 아버지여,
이제 나의 아버지는 여호와입니다.

나의 여호와는 광야의 신입니다.
그의 궁전은 하늘이요
그의 군대는 천군과 천사이며
그의 백성은 히브리 노예들입니다.

내 백성을 보내주십시오.
그들의 때가 되었습니다.
헐벗고 굶주린 노예들의
탄식이 들리지 않으십니까?

이제 그만
폭압의 정치를 끝내시고

자유와 해방의 세상을 여십시오.
당신이 성군이 되실 기회입니다.

누구나 한번 세상에 왔다가
누구나 다시 돌아가야 됩니다.
어떤 이름을 남기고
앞서간 조상들을 뵙겠습니까?

인간의 존엄한 권리는
하늘로부터 부여받는 것입니다.
어떤 이유로도 사람을
노예로 삼을 수는 없습니다.

그것은 하늘의 뜻을 거스르는 것이요
가장 추악한 범죄를 저지르는 것이며
하나님의 형상을 깨트리는 것이고
그의 거룩한 신성을 더럽히는 것입니다.

모세와 아론이 바로에게 가서 이르되 이스라엘의 하나님 여호
와께서 말씀하시기를 내 백성을 보내라. 그러면 그들이 광야에
서 내 앞에 절기를 지킬 것이니라. Exodus 5:1

60. 강한 손

기적은 없다.
기적을 바라지 말라.
피와 땀이 쌓여
역사가 일어나는 것이다.

하늘을 바라지 말라.
하늘은 열리지 않는다.
생명을 던지는 투신이
하늘을 가르는 것이다.

때를 기다리라.
때를 잡으라.
때를 만들라.
때를 따르라.

힘을 키우라.
힘을 모으라.
힘을 합하라.
힘을 드리라.

파라오는 결코
그냥 물러나지 않는다.

어떻게 잡은 권력인데
어떻게 모은 소유인데

그들에게 기대하지 말라.
고난 없이 해방은 없고
고행 없이 깨우침은 없다.
고통 속에서 생명은 태어난다.

하늘을 움직이는 기도소리.
하늘이 기억하는 신음소리.
역사는 그렇게 쉽게
움직이지 않는다.

손을 굳게 잡으라.
어깨를 함께 하라.
서로의 손을 내밀어
끝까지 물러서지 말라.

여호와께서 모세에게 이르시되 이제 내가 바로에게 하는 일을
네게 보리라. 강한 손으로 말미암아 바로가 그들을 보내리라.
바로가 그들을 그의 땅에서 쫓아내리라. Exodus 6:1

61. 요술

지혜는 하늘에서 내려온다.
영혼의 눈으로 자신을 살피고
하늘의 기운을 분별하여
그의 뜻을 이루어간다.

능력은 땅에서 일어난다.
두 발을 든든히 땅에 딛고
언제나 자기의 자리에 앉아
땀 흘려 시간을 경영한다.

요술은 마음에서 일어난다.
짙은 구름이 내려오고
비바람이 몰아쳐
고요한 호수를 어지럽힌다.

마음이 요동하고
생각이 변형되어
형상으로 태어난다.
감정이 날개를 단다.

욕망이 고개를 쳐든다.
환상이 장난질을 한다.

태풍을 일으키고
미움의 비를 내린다.

그래서 어쩌겠다는 것인가?
한낱 환영의 움직임 일뿐.
나무는 열매로 알 수 있고
선악은 결과로 판단한다.

요술은 마음을 어둡게 하고
마술은 영혼을 악하게 하며
역술은 요행을 바라게 하니
진실만이 생명을 살리는 것.

흔들리지 말라.
현실을 직시하라.
눈을 감지 말고
정면으로 대처하라.

바로도 현인들과 마술사들을 부르매 그 애굽 요술사들도 그
와 같이 행하되 각 사람이 지팡이를 던지매 뱀이 되었으나 아
론의 지팡이가 그들의 지팡이를 삼키니라. Exodus 7:11–12

62. 피가 되리라

너희가 나온 물이 피가 되리라.
생명의 자궁에
독물을 품어내는
사악한 것들아.

너희가 마실 물이 피가 되리라.
생명의 자원을
물 쓰듯 허비하는
패역한 것들아.

너희가 씻을 물이 피가 되리라.
날마다 씻어도 모자라니
얼굴만 씻지 말고
마음을 씻으라.

너희가 돌아갈 물이 피가 되리라.
물에서 태어나
물로 돌아가니
물처럼 살아가라.

하늘의 뜻을 따라
깨끗하고 정직하게

낮은 데로 겸손하게
물 흐르듯 흘러가라.

멈추지 말고
그릇에 담긴 대로
자기의 자리에서
너의 사명을 다하라.

물은 너의 생명이니
물이 바로 너 자신이니
물을 더럽히면
너도 썩게 되리라.

이제 네가 필요하다.
물을 살리고
생명을 살릴
그들이 있어야 한다.

여호와께서 또 모세에게 이르시되 아론에게 명령하기를 네 지
팡이를 잡고 네 팔을 애굽의 물들과 강들과 운하와 못과 모든
호수 위에 내밀라 하라 그것들이 피가 되리니 애굽 온 땅과 나
무 그릇과 돌 그릇 안에 모두 피가 있으리라. Exodus 7:19

63. 개구리

너희가 섬겼던 신이 올무가 되리라.
원하는 것이 무엇이냐?
많은 것이 좋은 것이냐?
그토록 원했던 것이 이것이냐?

그러면 내가 그것을 주리라.
수많은 개구리들이 강에서 올라와
너희 온 집에 가득하리라.
너희가 원했던 것이 악취가 되리라.

탐욕에 빠져
우상을 숭배하고
진리를 버린 자들아!
너희가 바랐던 복이 재앙이 되리라.

그저 복만 준다면
무엇이든지 하면서도
하늘 뜻이 무엇인지는
생각지도 않는구나.

허영과 환상을
엎드려 경배하니

기이한 변종들이
생겨나게 되리라.

땅은 더워지고
물은 뜨거워져
수많은 개구리들이
강에서 올라오리라.

개구리는 강에 있어야 하고
물은 푸르게 흘러야 한다.
그 속에서 그것들은
노래를 불러야 한다.

마음이 부패하고
욕심이 가득한 것들아.
너희가 뿌린 씨앗은 너희가 거두리라.
그리하여 숨도 쉴 수 없게 되리라.

내 백성을 보내라. 그들이 나를 섬길 것이니라. 네가 만일 보내
기를 거절하면 내가 개구리로 너의 온 땅을 치리라. Exodus 8:2

64. 파리 떼

파리의 대왕이니
파리 떼가 백성이로다.
서로 빨아먹고 찔러대는
각다귀 같은 군상들.

연민도 필요 없고
사랑할 가치도 없는
티끌에서 온 존재이니
채찍이 최상이다.

누르고 휘두르라.
어쩌면 그것은
저들이 원하는 것일지니
선택과 책임은 오히려 짐이 될 것.

주는 대로 먹고
보는 대로 바라고
본능대로 살아가니
창조나 신성은 한낱 환상이다.

눈앞의 빵 한 조각.
화려한 영상과

말 춤 스타일이
저들이 원하는 것이니

놓기는 싫고
버리기는 아깝고
옆에는 끼고 싶고
가진 것은 누리고 싶으니

원하는 것을 주리라.
바라는 것을 하리라.
다만 진리와 자유,
그것은 나의 것이로다.

그것만 뺏으면 된다.
그 외의 것은
다 가지도록 하라.
마지막 그것만은 빼앗도록 하라.

네가 만일 내 백성을 보내지 아니하면 내가 너와 네 신하와 네
백성들과 네 집들에 파리 떼를 보내리니 이집트 사람의 집집
에 파리 떼가 가득할 것이며 그들이 사는 땅에도 그러하리라.
Exodus 8:21

65. 악질

내 백성을
잡아두지 말라.
그들은 광야에서
나를 따르리라.

자유의 사람들.
그들을 보내라.
그들은 자유의 나라를
세워야 하리라.

생명의 형상을
깨뜨리지 말라.
어떻게 죄업을
갚으려 하느냐?

너희의 죄악이
하늘에 사무친다.
생명을 학대하지 말라.
변종의 괴물을 만들지 말라.

다 같은 생명이로다.
작은 생명을 대할 때도

연민의 마음을 가지라.
자신이 부끄러운 줄 알라.

너희의 자유로
생명을 자유하게 하라.
너희의 생명으로
생명을 행복하게 하라.

긍휼의 마음으로
생명을 양육하라.
너희가 그렇게 살고 싶은 것처럼
그들도 그렇게 살고 싶은 것이다.

너희가 대접을 하는 대로
나도 그렇게 너희를 대접할 것이다.
너희가 하는 그대로
나도 그렇게 너희에게 갚을 것이다.

여호와의 손이 들에 있는 네 가축 곧 말과 나귀와 낙타과 소와
양에게 더하리니 심한 돌림병이 있을 것이며. Exodus 9:3

66. 독종

자연으로 들어오라.
자연스레 살아가라.
자연을 따라가라.
스스로 존재하라.

해가 떠오르기 전에 일어나고
지는 해를 따라 하루를 정리하라.
무엇이든 하늘을 대하듯 하고
무슨 일을 하든지 공을 들이라.

탐식하지 말고
탐욕에 빠지지 말라.
게으르지 말고
땀 흘려 일하라.

흙에서 왔으니
흙으로 돌아가라.
티끌에서 왔으니
티끌로 살아가라.

가진 자는 그 소유를 나누고
가난한 자는 자유를 누리라.

남과 비교하지 말고
자신을 비하하지 말라.

너는 너이고
그는 그인 것이다.
네가 그일 수 없고
그가 너일 수 없으니

소리 높여 찬양하는 것처럼
삶 속에서 그렇게 살아가라.
하늘을 향해 영광을 돌리고
자연을 향해 머리를 숙이라.

네가 뿌린 씨앗을
네가 거두리니
네가 살아간 대로
열매를 맺으리라.

너희는 화덕의 재 두 웅큼을 가지고 바로의 목전에서 하늘을
향하여 날리라. 그 재가 이집트 온 땅의 티끌이 되어 사람과 짐
승에게 붙어 독종이 생기리라. Exodus 9:9

67. 우박

내 백성을 보내라.
그들이 광야로 나가리라.
이 모든 재앙은
네가 뿌린 것이니

내가 손을 펴서 너희를 쳤더면
너희는 이미 끊어졌을 것이라.
다만 내 능력을 네게 보이고
나의 뜻을 깨닫게 함이니

어찌하여 네가 여전히 교만하여
내 백성을 보내지 않느냐?
내일 이맘때면 무서운 우박이 내리리라.
네 나라에 이와 같은 일이 없으리라.

네 가축과 들에 있는 것을 다 모으라.
돌아오지 않는 것들에는 우박이 내리리니
그들이 모두 죽으리라.
다시는 돌아오지 못하리라.

너는 하늘을 향하여 손을 들어
전국에 우박이 내리게 하라.

네가 손을 들면 하늘이 열리리니
그가 친히 갚으시리라.

우레와 함께 우박으로 칠 것이며
불을 내려 땅에 달리게 할 것이라.
불덩이가 우박에 섞여 내릴 것이니
지금까지 그와 같은 일이 없으리라.

사람과 짐승이 모두 쓰러질 것이고
밭에 있는 모든 것이 꺾일 것이며
들의 모든 나무들이 넘어지리라.
하늘을 바라볼 수 없으리라.

세상이 내게 속한 줄을 알리라.
내 뜻을 거역한 결과를 보리라.
패역의 참상을 깨닫게 되리라.
다시는 돌이키지 못하리라.

모세가 하늘을 향하여 지팡이를 들매 여호와께서 우렛소리와
우박을 보내시고 불을 내려 땅에 달리게 하시니라. Exodus 9:23

68. 메뚜기

재앙이로다.
메뚜기 같은 것들이
하늘을 뒤덮고 있구나.

무서운 힘이로다.
하늘을 뒤덮으니
저리 놀라운 일이구나.

바로 저것이로구나.
가공할 번식력.
놀라운 생명력.

막아야 되겠구나.
모이지 못하게 하고
처음에 잘라내야 하겠구나.

무서운 일이로다.
한 입씩만 베어 먹어도
남아나는 것이 없구나.

대단하도다.
제국이 무너지겠구나.

이것이 바로 비밀이로다.

위대하신 파라오여!
어느 때까지 이 사람들이
우리의 함정이 되리이까?

보내소서!
그들의 광야에서
그들의 여호와를 섬기게 하소서!

지혜로우신 파라오여!
제국이 망한 줄을
알지 못하시나이까?

이번만 나의 죄를 용서하고
너희의 하나님 여호와께 구하여
이 죽음만은 내게서 떠나게 하라.

메뚜기가 온 땅을 덮어 땅이 어둡게 되었으며 메뚜기가 우박
에 상하지 아니한 채소와 열매를 다 먹었으므로 애굽 온 땅에
서 푸른 것이 남지 아니하였더라. Exodus 10:15

69. 흑암

캄캄한 밤이다.
태고의 어둠이다.
아무것도 볼 수 없고
아무런 움직임도 없다.

어둠 속을 더듬는다.
앞이 보이지 않는다.
공포가 얼어붙는다.
문명의 끝이 찾아온다.

무엇이 우리를 어둡게 하는가?
무엇이 우리를 볼 수 없게 하는가?
우리는 어떻게 해야 하는가?
이렇게 그냥 보내야 하는가?

절대 안 돼.
그렇게 할 수는 없어.
너희를 다 보낼 수는 없지.
우리는 어떻게 하라고.

다 가져가겠다고?
뻔뻔스러운 놈들.

지금까지 무엇을 먹고 살았는데
지금까지 너희를 먹여 살렸는데

양과 소는 남겨두라.
재산은 놓아두고 떠나라.
너희 어린 것들만
너희와 함께 갈지니라.

너희는 우리의 기쁨이야.
너희의 재롱을 보아야 하리라.
너희는 우리의 재산이고
너희는 우리의 소유이지.

나를 떠나가라.
다시는 내 얼굴을 보지 말라.
내 얼굴을 보는 날.
너희는 반드시 죽으리라.

여호와께서 모세에게 이르시되 하늘을 향하여 네 손을 내밀어
애굽 땅 위에 흑암이 있게 하라. 곧 더듬을 만한 흑암이리라.
Exodus 10:21

70. 처음 난 것

죽을 것이라고?
다시는 얼굴을 보지 말라고?
그래, 죽여주마.
처음 난 것들을 모두 쓸어버리리라.

너의 장자부터
맷돌 가는 몸종의 장자까지
큰 부르짖음이 있으리라.
당하지 아니한 집이 하나도 없으리라.

그러나 파라오의 집과
이스라엘의 집은 구별하리라.
문설주에 피를 바른 집에는
내가 지나가리라.

마지막이 되리라.
항복하게 되리라.
속히 보내게 되리라.
하늘의 뜻을 깨닫게 되리라.

가난한 마음을 가지라.
무엇을 가지고 나왔더냐?

무엇이 너의 것이더냐?
잃을 것도 얻을 것도 없으리라.

모두 가지고 떠나라.
양과 소도 몰아가고
그들을 위해 축복하라.
너희의 역사를 만들라.

빨리 떠나거라.
미련을 남기지 말라.
뒤를 돌아보지 말라.
새로운 삶을 시작하라.

우리는 너희를 감당할 수 없다.
너희와 함께 하는 것이 저주이며
너희의 옆에 있는 것이
우리의 고통이다.

모세가 바로에게 이르되 여호와께서 이와 같이 말씀하시기를
밤중에 내가 애굽 가운데로 들어가리니. Exodus 11:4

71. 유월절

이 날이 첫 달이 되고
너희의 첫 해가 되리라.
축제를 열라.
어린 양을 잡으라.

우슬초 묶음을 가져다가
그릇에 담은 피에 적셔서
그 피를 문설주에 뿌리라.
한 사람도 밖으로 나가지 말라.

고기는 구워먹고
딱딱한 빵을 먹으라.
쓴 나물과 같이 먹으라.
너희 고통의 날을 기억하라.

날 것으로 먹지 말고
삶아 먹지 말라.
모두 불에 구워먹으라.
너희가 이렇게 살았느니라.

남겨두지 말라.
이웃과 나누어 먹으라.

남은 것은 불살라 버리라.
하나도 남아있게 하지 말라.

허리에 띠를 띠고
발에 신을 신으라.
손에 지팡이를 잡고
선 채로 급히 먹으라.

이것이 너희의 유월절이니
모든 처음 난 것을 치리라.
가진 자를 심판하리라.
압제자는 이를 갈리라.

내가 피를 볼 때에
너희를 넘어가리라.
영원한 규례니라.
대대로 이것을 지킬지니라.

내가 애굽 땅을 칠 때에 그 피가 너희 집에 있어 표적이 될지
라. 내가 피를 볼 때에 너희를 넘어가리니 재앙이 너희에게 내
려 멸하지 아니하리라. Exodus 12:13

72. 무교병

해방의 날,
하늘이 열리는 날,
모든 어둠이 물러가고
새 역사가 시작되는 날.

그 첫날에
너희 집에서
누룩을 제하라.
모든 누룩을 불태우라.

이레 동안
무교병을 먹으라.
거친 시절을 회상하라.
때론 딱딱한 것이 필요하나니

이 날에 부드러운 빵을 먹는 자는
끊어지게 되리라.
고난을 기억하라.
구원을 잊지 말라.

눈물의 빵을 먹어보지 못한 자는
하늘의 은혜를 알지 못할 것이니

쓴 나물과 함께
뜨거운 불에 구워 먹으라.

아무 일도 하지 말고
먹을 것만 준비하라.
너희가 수고함으로
살아가는 것이 아니니

태에서 처음 난 모든 것은
거룩히 구별하여 내게 돌리라.
그들은 나의 것이니라.
내가 그들을 넘어갔느니라.

무교절을 지키라.
대대로 지킬지니라.
내가 너희를 살렸느니라.
내가 너희를 해방시켰느니라.

너희는 이레 동안 무교병을 먹을지니 그 첫날에 누룩을 너희
집에서 제하라. 무릇 첫날부터 일곱째 날까지 유교병을 먹는
자는 이스라엘에서 끊어지리라. Exodus 12:15

73. 갈대바다

기적을 바라지 않습니다.
요행을 기다리지 않습니다.
마지막까지 물러서지 않고
소리를 높여 외칩니다.

편안한 길을 원하지 않습니다.
허황된 명성을 바라지 않습니다.
놀라운 역사를 기대하지 않습니다.
그저 조금만 인도해 주십시오.

갈대바다를 지나갑니다.
피를 흘리며
넘어지고 또 일어서며
서로의 손을 잡습니다.

아무것도 가진 것 없는
더 이상 버릴 것 없는 가벼움이
가장 강한 무기임을
오늘 알았습니다.

돌아설 곳이 없습니다.
돌아갈 곳이 없습니다.

오직 우리에게 남은 것은
앞으로 나아가는 것뿐입니다.

내 손의 지팡이를 높이 듭니다.
당신의 발자국을 바라봅니다.
동풍이 불어옵니다.
하늘의 바람입니다.

갈대숲을 헤치며
앞으로 나아갑니다.
젖은 땅을 걸어갑니다.
우리에겐 홍해가 없습니다.

살아남은 자가
역사를 이어갑니다.
끝까지 살아남아
당신의 나라를 세워야 합니다.

그러므로 하나님이 홍해의 광야 길로 돌려 백성을 인도하시매
이스라엘 자손이 애굽 땅에서 대열을 지어 나올 때에. Exodus
13:18

74. 탈출

대오를 지으라.
손을 잡으라.
흩어지지 말고
앞을 바라보라.

광야로 나아가라.
뒤를 돌아보지 말라.
꿈을 놓치지 말고
자유를 향하라.

해방의 노래를 부르라.
힘들고 어려울수록
어깨동무를 하라.
서로 하나가 되라.

두 눈을 부릅뜨라.
입을 악다물고
정면을 응시하라.
결코 무릎을 꿇지 말라.

너희의 외침이
하늘에 닿을 때까지

소리를 높이라.
두려워하지 말라.

이렇게 가는 것이다.
너의 나라를 세우는 것이다.
네가 주인이 되는 것이다.
네가 결정하는 것이다.

조상의 유골이 담긴
소원의 단지를 들고
꿈의 땅을 향해
지금 떠나가라.

내가 앞서 가서 길을 닦으리라.
네가 가는 그 길에 내가 있으리라.
너희와 함께 가리라.
너희를 떠나지 않으리라.

여호와께서 그들 앞서 가시며 낮에는 구름 기둥으로 그들의
길을 인도하시고 밤에는 불기둥을 그들에게 비추시어 낮이나
밤이나 진행하게 하시니라. Exodus 13:21

75. 모세의 노래

생명의 주님!
우리가 해냈습니다.
전쟁의 승리는 군대가 아니었습니다.
당신이 우리의 힘이었습니다.

당신은 생명의 용사이니
여호와가 당신의 이름입니다.
우리가 당신을 따르겠습니다.
우리가 당신을 높이겠습니다.

당신은 파라오의 전차와
그의 군대를 바다에 던지셨습니다.
높은 자들이 홍해에 잠겼고
깊은 물이 그들을 덮었습니다.

해방의 주님!
당신의 능력으로
영광을 나타내셨습니다.
당신의 오른 손이 원수를 부수었습니다.

당신께서 큰 위엄으로
거스르는 자를 엎으셨습니다.

당신께서 진노하시니
그들이 지푸라기같이 살라졌습니다.

주의 바람으로 물이 쌓이고
파도가 언덕같이 일어섰으며
큰물이 바다 가운데 엉겼습니다.
바다 속에 길을 내셨습니다.

승리의 주님!
당신 같은 자 누구이며
당신 같이 기이한 일을
행한 자가 누구입니까?

당신께서 손을 드신 즉
땅이 그들을 삼켰습니다.
당신께서 주의 백성들을 인도하시고
당신의 거룩한 땅에 들어가게 하셨습니다.

모세와 이스라엘 자손이 이 노래로 여호와께 노래하여 가로되
여호와를 찬송하리니 그는 높고 영화로우심이요 말과 그 탄
자를 바다에 던지셨음이로다. Exodus 15:1

76. 미리암의 노래

하늘의 여인들아!
대지의 어머니들아!
너희들의 시대가 왔도다.
너희가 일어날 때가 되었도다.

생명의 노래를 부르라!
승리의 합창을 외치라!
창조의 예언을 전하라!
해방의 소식을 선포하라!

파라오의 전차와 마병이
모두 바다로 들어갔도다.
깊은 물이 그들을 덮었고
우리는 마른 땅으로 지나갔도다.

어둠의 노예들이 일어나
자유의 광야로 나갔도다.
거기에서 여호와의 절기를
지켜야 하는 도다.

소고를 잡아라!
풍악을 울려라!

내 뒤를 따르라!
목소리를 높이라!

손을 들어 올리고
발을 들어 춤추라.
허리를 틀어 흔들고
꽃잎을 십어 뿌리라.

그는 높임을 받으시고
영광스러우심이요
말과 그 탄자들을
깊은 바다에 던지셨도다.

넘어진 자를 일으키고
낙심난 자를 세워주라.
절망에 빠진 자를 살려
새 시대의 희망을 증거하라.

미리암이 그들에게 화답하여 이르되 너희는 여호와를 찬송하
라. 그는 높고 영화로우심이요 말과 그 탄자를 바다에 던지셨
음이로다. Exodus 15:21

77. 마라

목이 마르다.
죽음의 광야길.
사흘을 걸었지만
물 한 방울 보이지 않는다.

도망을 나온
천한 노예들에게
물을 나누어 줄 자비심은
그 어디에도 없다.

자유와 영혼의 목이 말라
광야로 나왔지만
육신의 목이 말라 살지 못한다면
그 자유가 무슨 필요인가?

우리가 물을 찾아야 한다.
세상은 그렇게 쉬운 것이 아니다.
자유란 그 대가를 치러야 하는 것.
이것이 우리가 깨달은 가르침이다.

인간의 역사란
물을 찾는 역사이다.

물이 없다면
어떠한 문명도 없다.

물은 생명이다.
우린 물로 살아간다.
물을 함부로 하는 문명은
존재할 수가 없다.

가난한 사람들은 모두
목이 말라 죽어갔다.
그들의 죽음은
오늘의 예표인가?

우린 물 때문에 죽어간다.
마라의 쓴물을
단물로 바꾸어 줄
그 나무를 찾아야 한다.

마라에 이르렀더니 그 곳 물이 써서 마시지 못하겠으므로 그
이름을 마라라 하였더라. Exodus 15:23

78. 광야에서

언제까지나 여기에
머무를 수가 없다.
새로운 땅으로
나아가야 한다.

생명의 나라를
세워야 한다.
하늘의 뜻을
이루어야 한다.

처음으로 맛본 자유였다.
엘림은 신의 수풀이었다.
종려나무들이 우거져 있었고
야자수 열매들이 소리를 내며 떨어졌다.

열 두 개의 샘에서는
맑은 물이 흘러내렸다.
우린 생명의 노래를 불렀다.
갈한 목을 축이고 있었다.

그러나 그곳은
우리의 땅이 아니었다.

다시 약속의 땅을 찾아
떠나야 했다.

떠나는 자들은
항상 가난한 자들이다.
그들은 그곳에서
살아길 수가 없다.

신 광야에 장막을 쳤다.
그곳은 죄의 땅.
아무도 찾아오지 않는
시디 신 노예들의 땅.

우린 항상 선택을 해야 한다.
원망과 희망.
그리고 우리는 그 선택에
책임을 져야 한다.

이스라엘 자손이 그들에게 이르되 우리가 애굽 땅에서 고기
가마 곁에 앉아 있던 때와 떡을 배불리 먹던 때에 여호와의 손
에 죽었더라면 좋았을 것을 너희가 이 광야로 우리를 인도해
내어 이 혼 회중이 주려 죽게 하는도다. Exodus 16:3

79. 노예들의 기도

우리에게
하늘의 양식을 내리소서!
우린 더 이상
땅에서 바랄 것이 없습니다.

아무도 우리에게
손을 내밀지 않습니다.
우리에게 남은 것은
아무것도 없습니다.

우리의 목에는
대대로 멍에가 채워지고
우리의 발에는
쇠사슬이 풀리지 않습니다.

그들과 우리가
다른 것이 무엇입니까?
우리는 왜 이 땅에서
버려져야 하는 것입니까?

왜 우리의 양식은
하늘에서 내려옵니까?

왜 우리는 하늘의 양식을
기다려야만 합니까?

그저 우리 몫만 주십시오.
더 이상 바라지도 않겠습니다.
우리가 일한 그만큼만
우리가 가지겠습니다.

우리의 창고에
쌓아놓지 않겠습니다.
내일의 양식을
움켜쥐지 않겠습니다.

한 그릇만 먹겠습니다.
서로 나누어 먹겠습니다.
이웃의 생명을 생각하겠습니다.
썩어질 양식에 목메지 않겠습니다.

그 때에 여호와께서 모세에게 이르시되 보라, 너희를 위하여
하늘의 양식을 비같이 내리리니 백성이 나가서 일용할 양식
을 날마다 거둘 것이라. 이같이 하여 내가 그들을 시험하리라.

Exodus 16:4

80. 므리바

지금까지 당신의 명령을 따라왔습니다.
당신이 우리를 그곳에서 불러냈습니다.
이것이 생명의 길이라고
우리에게 말씀하셨습니다.

광야로 나가면
당신을 만날 수 있다고
거기에서 해방의 축제를 열 수 있다고
우리를 유혹했습니다.

그래서 이렇게 당신을 따라왔으면
무언가 보여주어야 하지 않습니까?
이렇게 모두 다 버리고 떠났으면
무언가 기적을 나타내야 하지 않습니까?

그래도 이집트 땅에 있었으면
고기 부스러기라도 먹을 수는 있었습니다.
그래도 그곳에서는
목말라 죽어가지는 않았습니다.

당신은 너무 나약한 신입니다.
당신의 백성이 마실 수 있는

물 한 방울 조차 줄 수 없는
무기력한 노예들의 신입니다.

당신은 묵묵히 당신께 순종하고
인내로 생명의 역사를 이루며
무에서 유를 만들어내라고
우리에게 요구를 하십니다.

그러나 우리도 이젠 지쳤습니다.
당신의 나약함이 지겹습니다.
숨어있는 당신을 찾는 것도 질렸습니다.
언제까지 이렇게 살아가야 하는 것입니까?

그만 하늘에서 내려오십시오.
당신의 빛나는 모습을 보여주십시오.
이제 그만 그곳에서 숨어계시지 말고
우리 가운데로 오셔서 우리를 일으켜 주십시오.

내가 호렙 산에 있는 반석 위 거기서 네 앞에 서리니 너는 그
반석을 치라. 그것에서 물이 나오리니 백성이 마시리라. 모세
가 이스라엘 장로들의 목전에서 그대로 행하니라. Exodus 17:6

81. 여호와 닛시

목마름 하나 이겨내지 못하는 자들이
생명의 나라를 세울 수 있겠는가?
조금의 어려움에도 원망하고 좌절한다면
그들이 무엇을 할 수 있단 말인가?

약한 것은 여호와가 아니었다.
문제는 비겁한 노예의 근성이었다.
우리는 하늘만 바라보는 오합지졸이었다.
무엇이든 그에게만 의존하는 백성이었다.

아말렉의 전사들이 밀려왔다.
말발굽 소리가 지축을 흔들었다.
공포의 그림자가 우리를 덮었다.
목마름과 굶주림은 아무것도 아니었다.

그러나 그것은 우리를 훈련시키려는
여호와의 뜻이었다.
어떠한 고난도 이겨내는
강인한 정신이 필요했다.

뜻을 세우고
두 눈을 부릅뜨고

끝까지 물러서지 아니하면
반드시 승리가 찾아오는 법이다.

그것은 우리의 힘이 아니었다.
그것은 여호와가 싸우신 것이었다.
과연 여호와는 노예들의 신이었다.
그의 뜻은 노예들이 주인 되는 나라였다.

모세는 산꼭대기에 올라 기도했고
아론과 훌은 그의 두 손을 받쳐주었다.
여호수아는 해가 내려올 때까지
앞장 서 혈투를 벌렸다.

승리는 하늘에서 떨어지는 것이 아니었다.
살고자 하는 자는 죽을 것이요
죽고자 하는 자는 살 것이니,
이것이 바로 그의 전술이었다.

모세가 여호수아에게 이르되 사람들을 택하여 나가서 아말렉
과 싸우라. 내일 내가 하나님의 지팡이를 손에 잡고 산꼭대기
에 서리라. Exodus 17:9

82. 승리를 위해서

사랑하는 아들아!
역사는 같이 이루는 것이란다.
너 혼자 모든 것을 할 수는 없는 거야.
그렇게 하다가는 기력이 쇠진하게 되는 거야.

물론 작은 일은 혼자서도 해낼 수가 있겠지.
그러나 혼자서 할 수 있는 일이 있는 것이고
같이 해야 이룰 수 있는 일이 있는 것이야.
위대한 역사는 결코 혼자 이룰 수 없는 것이지.

승리를 위해서는 팀이 필요한 거야.
각기 다른 정신과 재능이 모여
환상적인 멋진 팀을 이루는 거지.
모든 팀원이 녹아들어 하나가 되는 거야.

그들은 맡겨진 일은 반드시 해낸다는 철저한 책임감과
어떤 어려움 속에서도 끝까지 할 수 있다는 절대긍정과
상대의 기세를 제압하는 흔들리지 않는 산 같은 카리
스마,
그리고 팀을 위해 자신을 바치는 헌신과 희생을 가져
야 하는 거지.

진정한 프로는
깊이와 넓이를 가져야 해.
깊이를 가진 전문적인 능력과
다양성을 포용하는 넓은 덕이 필요한 거지.

역사를 진지하게 살펴봐.
혼자 이룬 제국이 있는지?
홀로 이룬 성취가 있는지?
이것이 승리의 비결인 것이야.

그래서 나눔이 필요한 것이지.
힘도 나누어야 시너지가 생기는 것이고
소유도 나누어야 서로가 행복한 것이며
마음도 나누어야 우정이 깊어지는 것이란다.

사랑하는 아들아!
이 모든 것 위에 더 귀한 승리는
네가 이룬 승리를 유지하고 발전시켜
마지막까지 고이지 않고 썩지 않게 하는 것이란다.

이드로가 모세가 행하는 일을 보고 이르되 네가 이 백성에게
행하는 일이 어찌 됨이냐? 어찌하여 너는 홀로 앉아 있고 백성
은 아침부터 저녁까지 네 곁에 서 있느냐? Exodus 18:14

5 장

새로운 땅에서

83. 성산

산으로 올라오라.
거기에서 나를 만나리라.
너의 평생에 지킬
거룩한 계명을 주리라.

산꼭대기에 서라.
거기에서 나를 보게 되리라.
항상 내 앞에서
나의 얼굴을 기억하라.

너희는 내가 한 일을 보았고
독수리가 새끼를 업어 나르듯
내가 너희를 인도하여
나에게로 데려왔다.

너희가 정말로 나의 말을 듣고
내가 세워준 생명의 언약을 지키면
너희는 모든 민족 가운데서
나의 보물이 될 것이다.

세계가 다 나의 것이다.
세계가 다 내게 속하였나니

내 말을 잘 듣고
내 언약을 지키라.

그리하면 너희는
나의 백성이 되고
제사장 나라가 될 것이며
거룩한 민족이 될 것이다.

너희 자신을 성결케 하라.
너희의 옷을 빨아 입으라.
셋째 날을 기다리라.
내가 산으로 내려가리라.

생명의 경계를 넘지 말라.
가까이 오는 자는 살아남지 못하리라.
너의 자리가 바로 여기이니
거기에서 나를 만나리라.

세계가 다 내게 속하였나니 너희가 내 말을 잘 듣고 내 언약을
지키면 너희는 모든 민족 중에서 내 소유가 되겠고 제사장 나
라가 되며 거룩한 백성이 되리라. Exodus 19:5

84. 십계명

나는 자유의 하나님이다.
나는 너희를 이집트 땅 종살이에서 해방시켜
이곳으로 인도한 생명의 신성이다. 그러하니

1. 나 외에 다른 신을 섬기지 말라.
헛되고 허황된 것을 따르지 말고
오직 진리와 정의를 추구하라.

2. 나 외의 어떤 우상에게 무릎을 꿇거나 숭배하지 말라.
나를 사랑하고 내 계명을 지키는 자에게 자손 수천 대
까지 은혜를 베풀겠지만
나를 미워하는 자에게는 본인뿐만 아니라 자손 삼사
대까지 저희 죄를 갚겠다.

3. 나의 이름을 함부로 사용하지 말라.
나의 이름을 빙자하여 권위를 부리지 말고
나의 이름을 사용하여 사욕을 채우지 말라.

4. 안식일을 기억하여 그 날을 거룩히 지키라.
엿새 동안에는 힘써 네 모든 일을 행할 것이나
일곱째 날은 나의 창조를 기억하고 너의 일을 쉬라.

5. 너희 부모를 공경하라.
세월의 연륜과 오래된 역사를 존경하라.
거기에서 지혜와 생명이 나오는 것이다.

6. 생명을 살상하지 말라.
생명은 하늘에서 온 것이요 존귀한 것이니
너의 목숨을 대하듯 모든 생명을 대하라.

7. 성을 귀하게 여기라.
성은 생명을 유지하는 신의 명령이니
쾌락을 위하여 함부로 사용하지 말라.

8. 네 몫 외의 것을 도둑질하지 말라.
너만의 안전을 위하여 소유를 쌓지 말고
필요 이상의 과도한 욕심을 부리지 말라.

9. 네 이웃에게 거짓말을 하지 말라.
네 권력을 가지고 불의한 판단을 하지 말고
거짓증언으로 가난한 자를 억울하게 하지 말라.

10. 너희 이웃의 집을 탐내지 말라.
네 이웃의 소유나 아내를 탐내지 말고
약한 자의 재산이나 가정을 넘보지 말라.

나는 너를 애굽 땅, 종 되었던 집에서 인도하여 낸 네 하나님
여호와니라. Exodus 20:2

85. 생명

생명은 신성한 삶의 명령이니
개인의 소유로 삼지 못한다.
돈으로 사람을 사고팔지 못하며
그를 억누르거나 착취하지 못한다.

네가 편하기 위해 종을 두지 말고
너의 목숨을 연장하기 위해
생명을 사거나 팔지 말라.
구차하게 목숨을 연장하지 말라.

모두 다 때가 되면
하늘로 가는 것이니
무엇이 못미더워 그렇게
살고 싶어 하는 것이더냐?

너도 세상에서 종이 되었으니
종살이의 고통을 알 것이다.
너희는 같은 세상의 나그네요
같은 하늘 길을 걸어가는 길벗이다.

어떻게 같은 인간끼리
서로를 사고 팔 수가 있겠는가?

어떻게 네가 잘 살겠다고
같은 인간을 노예로 삼을 수 있겠는가?

그러나 어쩔 수 없는 상황에서 종이 되었으면
6년 동안 그는 주인을 성실히 섬길 것이요
7년 째 해에는 몸값을 물지 않고 나가
자유인이 될 것이나.

그가 단신으로 왔으면 단신으로 나갈 것이요
가정을 꾸렸으면 그의 아내도 같이 나갈 것이다.
그러나 그 종이 주인과 같이 살기를 원한다면
그의 귀를 뚫을 것이요 그는 종신토록 주인을 섬겨야
한다.

생명은 천하보다 귀한 것이요
하늘에서 온 거룩한 존재이니
생명을 함부로 하는 자는
자기도 그렇게 당하게 될 것이다.

네가 히브리 종을 사면 그는 여섯 해 동안 섬길 것이요 일곱째
해에는 몸값을 물지 않고 나가 자유인이 될 것이며. Exodus 21:2

86. 배상

가난한 자에게 손해를 입혔으면
반드시 그에 따라 배상을 해야 한다.
어떤 사람이 도둑질했으면
그는 그에 대해 다섯 배로 갚아야 한다.

밤에 몰래 들어온 도둑을 죽이면
죽인 사람에게는 살인죄가 없다.
그러나 해가 뜬 후에 이런 일이 생기면
그에게는 살인죄가 있다.

훔친 것이나 착취한 것은
반드시 물어내야 한다.
그가 가진 것이 아무것도 없으면
자기 몸을 팔아서라도 갚아야 한다.

어떤 사람이 짐승을 풀어놓아서
풀을 뜯게 하다가
남의 밭의 농작물을 뜯어먹었으면
자기 밭의 가장 좋은 소출로 물어주어야 한다.

불이 나서 남의 곡식이나
재산을 태웠으면

불을 놓은 사람은
그것을 반드시 물어주어야 한다.

어떤 사람이 물품을 이웃에게 맡겼다가
그 이웃집이 도둑을 맞았는데
그 도둑이 잡히면
도둑이 그것을 갑절로 물어내야 한다.

그러나 도둑이 잡히지 않으면
그 집 주인이 하나님 앞으로 나가서
그 이웃의 물건에 손을 댔는지를
판결을 받아야 한다.

남의 소유를 도둑질하거나 선점하여
힘으로 자기의 이익으로 삼은 자는
그것의 다섯 배를 갚아주어야 하며
하나님 앞에 나아가 판결을 받아야 한다.

사람이 소나 양을 도둑질하여 잡거나 팔면 그는 소 한 마리에
소 다섯 마리로 갚고 양 한 마리에 양 네 마리로 갚을지니라.
Exodus 22:1

87. 거룩한 백성

마술적인 행위로
사람을 속이는 자를
그냥 두어서는 안 된다.
그는 영혼을 망하게 하는 자다.

이상한 기적이나 표적을 추구하거나
허황된 요술을 구하는 행위는
깨끗하게 제거해야 한다.
그는 심지 않은데서 거두려 하는 자다.

기복주의로 술수를 부리는 것은
사악한 행위이다.
그는 나를 빙자하여
백성을 미혹케 하는 자다.

나 외의 다른 신에게
제사를 드리는 것은
반드시 없애야 한다.
우상숭배는 영혼을 팔아먹는 것이다.

너희에게 몸 붙여 사는 나그네를
학대하거나 억압해서는 안 된다.

너희도 이집트 땅에서
몸 붙여 살던 나그네였다.

너희는 과부나 고아를 괴롭게 해서는 안 된다.
그들이 나에게 부르짖으면 나는 그들의 부르짖음을
들어주어야 한다.
그들에 대한 나의 분노를 터뜨려서 그 죄를 갚을 것이다.
그렇게 되면 너희 아내는 과부가 될 것이며 너희 자식
들은 고아가 될 것이다.

너희 가운데서 가난하게 사는 사람에게
돈을 꾸어주었으면
빚쟁이처럼 재촉해서도 안 되고
이자를 받아도 안 된다.

너희는 하나님께 욕되는 말을 하거나
너희의 지도자를 저주하지 못한다.
너희는 나를 섬기는 거룩한 백성이니
거룩한 행실의 옷을 입어야 한다.

너희는 나를 섬기는 거룩한 백성이다. 그러므로 너희는 들에서
맹수에게 찢겨서 죽은 짐승의 고기를 먹어서는 안 된다. 그런
것은 개에게나 던져 주어라. Exodus 22:31

88. 정의

너는 근거 없는 말을 퍼뜨려서는 안 된다.
거짓된 증언을 하여 악의 편을 들어서도 안 된다.
다수의 사람들이 잘못을 저지를 때에도 그들을 따라
가서는 안 되며
다수의 사람들이 정의를 굽게 할 때에도 그들과 한 통
속이 되어서는 안 된다.

너는 가난한 사람의 송사라고 해서
치우쳐서 그를 두둔해서도 안 된다.
또한 가난한 사람의 송사라고 해서
불리한 판결을 내려서도 안 된다.

너는 원수의 소나 나귀가 길을 잃고 헤매는 것을 보거든
반드시 그것을 임자에게 돌려주어야 한다.
너를 미워하는 사람의 나귀가 짐에 눌려서 쓰러진 것
을 보거든
반드시 임자가 나귀를 일으켜 세우는 것을 도와주어
야 한다.

거짓 고발을 물리치라.
죄 없는 사람과 의로운 사람을 죽여서는 안 된다.
그 일에 침묵하거나 동조해서도 안 된다.

나는 결코 악인을 의롭다고 하지 않을 것이다.

뇌물을 받아서는 안 된다.
뇌물을 바라서도 안 된다.
뇌물은 사람의 눈을 멀게 하고
의로운 사람의 말을 왜곡시킨다.

너는 여섯 해 동안은 밭에 씨를 뿌려서 그 소출을 거두
어들이고
일곱째 해에는 땅을 놀리고 묵혀서
거기서 자라는 것은 무엇이나 가난한 사람들이 먹게 하고
그렇게 하고도 남은 것은 들짐승이 먹게 해야 한다.

너희는 엿새 동안 일을 하고
이렛날에는 쉬어야 한다.
그래야 너희의 소와 나귀도 쉴 수 있을 것이며
너희 종들과 나그네도 숨을 돌릴 수 있을 것이다.

너희는 내가 너희에게 말한
이 모든 것을 지켜야 한다.
너희는 다른 신들의 이름을 기억해서도 안 되며,
그 이름을 입 밖으로 내서도 안 된다.

너는 거짓된 풍설을 퍼뜨리지 말며 악인과 연합하여 위증하는
증인이 되지 말며 다수를 따라 악을 행하지 말며 송사에 다수
를 따라 부당한 증언을 하지 말라. Exodus 23:1

89. 생명의 절기

너희는 항상 여호와 앞에 나아와 생명의 절기를 지켜
야 한다.
기쁨으로 찾아와 너희를 보여야 한다.
여호와의 절기는 거룩하니 그를 만날 수 있으리라.
그의 절기를 통해 너희 자신을 볼 수 있으리라.

여호와의 절기는 깨끗하니
영혼을 맑게 할 것이요
여호와의 절기는 거룩하니
너희 영혼을 잘 되게 할 것이다.

여호와의 절기는 축복이니
너희 삶을 풍요롭게 할 것이고
여호와의 절기는 사랑이니
그의 사랑을 깨닫게 될 것이다.

너희는 무교절을 지켜야 한다.
적어도 이레 동안은
누룩을 넣지 않은 빵을 먹어야 한다.
너희가 그때에 이집트에서 나왔기 때문이다.

너희는 애써서 씨를 뿌려 거둔 곡식의

첫 열매로 맥추절을 지켜야 한다.
너희는 애써 가꾼 것을 거두어들이는
한 해의 끝 무렵에 추수절을 지켜야 한다.

너희는 그에게 바치는 희생제물의 피를
누룩 넣은 빵과 함께 바쳐서는 안 된다.
절기 때에 바친 기름을 나음 날 아침까지 남겨 두어서
도 안 된다.
너희 땅에서 난 첫 열매의 제일 좋은 것을 여호와의 집
으로 가져와 나누어 먹어야 한다.

새끼 염소를 그 어미의 젖으로 삶아서는 안 된다.
너희가 삼가 그 말에 순종하며 그를 거역하지 말라.
그의 말에 순종하여 그가 명하는 모든 것을 따르면
그가 너희의 양식과 물에 복을 내리고 너희 가운에 질
병을 없이 할 것이다.

너희 땅에 낙태하는 자가 없을 것이고
임신하지 못하는 자가 없을 것이다.
그가 너희의 날 수를 채울 것이다.
생명의 땅에서 살아갈 수 있으리라.

네 토지에서 처음 거둔 열매의 가장 좋은 것을 너의 하나님 여
호와의 전에 드릴지니라. 너는 염소새끼를 그 어미의 젖으로
삶지 말지니라. Exodus 23:19

90. 사십일

그와 함께한
거기에서는
하루가 천년 같았고
천년이 하루 같았다.

영원과 이어지는
생명의 충만함이었고
더 이상 오를 수 없는
지고의 경지였다.

우린 그곳에서
그의 숨길을 느꼈다.
꿈같은 시간이었고
최고의 순간이었다.

거기에서 그는
그 발아래에 청옥을
깔아놓은 것 같았으며
맑기가 하늘과 같았다.

그가 있는 곳으로
우리를 부르셨다.

친히 돌 판에 기록한 계명을
우리에게 주셨다.

그가 산을 오르니
구름이 산을 덮었다.
영광이 산 위에 머물렀고
구름이 그늘을 뒤덮었다.

우리의 눈에
그의 영광은
정상에서 타오르는
불꽃이었다.

우린 구름을 지나
산 위로 올라가서
밤낮 사십일을
그곳에서 머물렀다.

모세가 구름 속으로 들어가서 거룩한 산 위에 올랐으며 사십
일 사십 야를 산에 있으니라. Exodus 24:18

91. 성소

내가 머물
나의 성소를 지으라.
가장 귀한 것으로
너의 성소를 세우라.

네 마음에
성소를 모시라.
복을 구하지 말고
마음의 성소를 지으라.

보이는 성소가 아니라
보이지 않는 성소를 지으라.
땅 위의 보화가
무슨 가치가 있겠느냐?

네 마음의 중심에
무엇이 있느냐?
네 마음에
무엇이 가득 찼느냐?

거룩한 소원을
하나로 모아

하늘에 이르는
향기를 올리라.

마음의 성소가 있는 사람은
세상에 부러운 것이 없으니
감정에 흔들리지 않으며
하늘의 보화로 부요하리라.

그 성소에서
하늘의 생명이 흐르리라.
마음의 얼굴에
기쁨이 넘치리라.

그 성소에 나의 계명을 새기라.
그 성소에 내가 내려오리라.
그 성소에 너의 속죄소를 세우라.
거기에서 나를 만나게 되리라.

이스라엘 자손에게 명령하여 내게 예물을 가져오라 하고 기쁜
마음으로 바치는 것을 너희는 받을 지니라. Exodus 25:2

92. 밥상

마음의 성소에
거룩한 상을 차리라.
그것은 영혼을 위한
하늘의 양식이니

언제나 그곳에
거룩한 빵이 있게 하라.
그것은 하늘로부터 오는
일용할 양식이다.

날마다 살아있는
생명의 밥상을 차리라.
생명은 생명에서
나오는 것이니

네 목구멍만
생각하지 말고
가난한 이웃을 위한
사랑의 밥상이 되라.

배고픈 형제를 위해
나눔의 밥상을 차리라.

그것이 다시 돌아와
영생의 기쁨을 주리라.

오늘도 우리에게
자연이 밥상이 되니
결코 없어지지 않는
하늘의 밥상인 것이니

너의 삶을 바쳐
하늘이 감동하는
향기로운 밥상을
올려 드리라.

오늘도 차리는
신성한 밥상.
너의 밥상위에
거룩한 빵을 놓으라.

상 위에 진설병을 두어 항상 내 앞에 있게 할지니라. Exodus
25:30

93. 등잔

너의 성소를 밝히는
등잔을 만들라.
마음이 어두우면
우주가 어두우니

정금을 쳐서
등대를 세우라.
날마다 두드리고 깨뜨려
그것을 부드럽게 하라.

하늘의 모형을 떠
그 위에 부으라.
그것이 원형이니
그것만 남게 하라.

너는 사라지고
그만 있게 하라.
너는 내려오고
그만 오르게 하라.

마음의 성소에
등잔을 세워놓고

너 자신을 그 위에
불타게 하라.

찌끼를 남겨두어
무엇에 쓰겠는가?
한 세상 불타면
그것으로 속하거늘

성소에 타오르는
한 떨기 불꽃이 되라.
진리의 불을 밝혀
꺼지지 않게 하라.

세상을 비추고
어둠속에 빛나며
영원히 살아있는
등불을 켜게 하라.

등잔 일곱 개를 만들어서 그것을 등잔대 위에 올려놓아 앞을
밝게 비추도록 하여라. Exodus 25:37

94. 성막

너의 성소는 내가 거하는 곳이니
너의 성소에 생명의 장막을 두르라.
다 같은 공간이 똑같은 공간이 아니고
모두의 공간이 거룩한 공간이 아니듯

거룩한 구별이
너의 성소가 되고
마음의 중심이
너의 지성소가 되리라.

모든 것 중에서
너의 정성을 들인
거룩한 공간이
존재하게 하라.

네가 살아가는 곳,
너의 마음이 있는 곳,
생명이 살아가는 그곳이
너의 성막이 되게 하라.

생명의 터전인
성막을 더럽히지 마라.

나의 성소는
만민이 살아가는 곳이니

나의 성소를
함부로 하는 자,
그 생명을
영위하지 못하리라.

거룩한 휘장을 늘어뜨리고
그 휘장 뒤에
생명의 계명을 놓으라.
성소와 성막을 특별히 구별하라.

속죄 받은 자만 들어갈 수 있으니
지성소에 있는
나의 증거궤를
속죄의 판으로 덮으라.

너는 성막을 만들되 가늘게 꼰 베실과 청색 자색 홍색 실로 그
룹을 정교하게 수놓은 열 폭의 휘장을 만들지니. Exodus 26:1

95. 등불

남을 보지 말고
너 자신을 보라.
밖을 보지 말고
너의 안을 보라.

어둠을 보지 말고
생명의 밝음을 보라.
아래를 보지 말고
하늘을 바라보라.

마음을 잃어버리지 말라.
감정에 치우치지 말라.
기분에 좌우되지 말라.
분노에 휘둘리지 말라.

너의 마음에
화의 불을 끄라.
영혼의 불을 밝혀
하늘의 빛이 타오르게 하라.

너의 불을 끄고
그의 등불을 키우라.

어둠속에서만
빛을 볼 수 있으니

너를 태워
진리의 불을 밝히라.
너 자신을 태워
성화되게 하라.

그의 불을
꺼뜨리지 말라.
타다만 숯덩이는 처참한 시체이니
절망의 마지막에 부활이 시작되니

성소의 등불을 밝혀
생명이 피어오르게 하라.
너의 삶이 하늘에 이르는
향기가 되게 하라.

너는 이스라엘 자손에게 명령하여 감람으로 짠 순수한 기름을
가져오게 하고 끊이지 않게 등불을 켜되 항상 그 등불을 보살
피게 하라. Exodus 27:20

96. 제사장

너는 하늘의 뜻을 따르는 천손의 후예이니
너에게 이 우주를 맡기노라.
세계를 다스리고 대지를 경작하라.
생명의 보호자가 되라.

먼저 너 자신을 다스리라.
네가 소우주니
너를 정결케 하고
몸을 함부로 하지 말라.

정신을 바로 하고
영혼을 통해 세상을 보라.
항상 깨어 있어
하늘의 뜻을 궁구하라.

뜻을 정하고
목표를 세우라.
그러면 방법이 나올 것이니
역사가 여기에서 이루어지리라.

천손의 대를 이어가라.
이것이 천명이니

생명을 거스르는 자.
이 땅에서 끊어지리라.

먹는 것이 전부가 아니요
생식이 모든 것이 아니며
하늘의 뜻을 펴기 위해
이 땅에 존재하는 것이니

그 명을 따라
수행의 삶을 살아가라.
그렇지 않은 모든 것은
또 하나의 쓰레기를 낳는 것이니

우상을 거부하고
속물의 삶을 버리라.
자유와 생명의 바람인
나의 영을 따르라.

너는 마음에 지혜 있는 모든 자, 내가 지혜로운 영으로 채운 자
들에게 아론의 옷을 지어 그를 거룩하게 하여 내게 제사장 직
분을 행하게 하라. Exodus 28:3

97. 성결

내가 거룩하니
너희도 거룩하라.
너희는 새벽의 영혼을
가진 존재이니…

내가 깨끗하니
너희도 깨끗하라.
너희는 하늘의 형상대로
창조된 존재이니…

내가 자유하니
너희도 자유하라.
너희는 하늘의 영을
가슴에 품은 존재이니…

내가 사랑하니
너희도 사랑하라.
사랑으로 너희의 삶이
완성에 이르게 되니…

하늘의 이름을 가슴에 안고
하늘의 명령을 이마에 붙이고

하늘의 십자가를 등에 지고
순례의 길을 걸어가라.

물질의 부요에 집착하지 말고
세상의 허영에 애착하지 말고
감정의 찌끼에 천착하지 말고
불행과 수함의 실을 걷지 말라.

생명의 길을 걸어가라.
하늘의 바람을 불게 하여
그 바람으로
생명의 비를 내리게 하라.

여호와께 성결하라.
여호와 앞에 살아가라.
그의 인도하심을 따라
광야의 길을 걸어가라.

아론이 성소에 들어갈 때에는 이스라엘 아들들의 이름을 기록
한 이 판결 흉패를 가슴에 붙여 여호와 앞에 영원한 기념을 삼
을 것이니라. Exodus 28:29

98. 제물

환락의 도가니에서
타락한 문명이 질주한다.
사람들은 소리를 지르며
거리를 헤맨다.

그들은 밤새도록
웅웅거리는 소음과 함께
뿌리도 없이
공중에 떠다닌다.

잠을 잃어버리고
더 이상 태양의 궤도를 따르지 않는
반항의 백성들.
창백한 군상들.

구름 덮인
낮은 하늘 아래
비로 더럽혀진 도시엔
희망이 없다.

무엇을 위해
살아가는 것인가?

무엇을 향해
달려가는 것인가?

한 방울 두 방울
지붕 위에서
떨어지는 물소리에
정신이 번썩 는다.

이제는 침묵하라.
고요의 시간을 가지라.
내 앞에서 입을 열지 말라.
너의 내면으로 들어가라.

이것이 너희가 드릴
매일의 번제인 것이니…
내가 흠향할
생명의 향기인 것이니…

이는 너희가 대대로 여호와 앞 회막 문에서 늘 드릴 번제라. 내
가 거기서 너희와 만나고 말하리라. Exodus 29:42

99. 반역

더 이상 기다릴 수 없다.
우리들 앞에서 우리를 인도할 신을 만들라.
우리를 이집트에서 여기까지 데려온
그는 어찌 되었는지 알지 못한다.

우리는 보이는 신이 필요하다.
무언가 확실한 것이 있어야지.
손에 잡히는 것이 있어야지.
지금 먹을 게 있어야지.

광야의 신은
이제 신물이 난다.
화려한 도시와
기름진 음식을 달라.

그냥 세상 가는 대로
따라가면 되지 않겠는가?
앞장서 나가는 것은
화살 맞기 십상이다.

언제나 새롭게
길을 내는 것은

고통과 인내의 대가를
치러야 한다.

그렇게 살 필요는 없다.
그렇게 살고 싶지도 않다.
좋은 게 좋은 거다.
물 흐르는 대로 가는 거다.

생육하고 번성하라 했으니
다산과 부유가 최고이다.
내일은 축제의 날이다.
먹고 마시고 즐기도록 하자.

갈고 닦기는 천 날이지만
허물어지기는 하루이다.
자유의 길은 천년이지만
노예의 길은 순간이다.

백성이 모세가 산에서 내려옴이 더딤을 보고 모여 아론에게
이르러 말하되 일어나라 우리를 위하여 우리를 인도할 신을
만들라. 모세는 어찌 되었는지 우리가 알지 못함이니라. Exodus
32:1

100. 용서

이 백성의 죄를 사하소서!
그래도 여기까지
당신을 따라온
백성이 아닙니까?

때로는 당신의 길을 버리고
원망과 불평을 일삼지만
그래도 당신만 바라보는
나약한 백성들입니다.

목이 곧은 백성이라.
하늘의 뜻은 생각하지 않고
마음은 돌같이 굳어져 있지만
당신이 버리시면 누가 이들을 거두겠습니까?

이들은 교만하고 방자하여
세상의 조롱거리가 되고 있습니다.
날마다 자신을 위하여
금신을 만들고 있습니다.

조금도 참지 못하고
하루에도 열두 번 믿음이 흔들리며

하늘을 향하여
고개를 흔들어 댑니다.

이들은 자기의 죄를
자기가 먹어야 합니다.
자기들이 만든 금신을
불살라 나서야 합니다.

그러나 여호와여,
이 악한 백성을 위하여
내가 제물이 되겠나이다.
나를 불사르겠나이다.

나를 바치나이다.
이 백성의 죄를 지우소서!
그렇지 않으면 내 이름을
당신의 책에서 지워주소서!

슬프도소이다. 이 백성이 큰 죄를 범하였나이다. 그러나 이제
그들의 죄를 사하시옵소서. 그렇지 아니하시오면 주께서 기록
하신 그 책에서 내 이름을 지워버려 주옵소서. Exodus 32:32

101. 생명의 땅

여기를 떠나서
그 땅으로 올라가라.
네 자손에게 주기로 약속한
그 땅으로 나아가라.

여기에 머무르지 말라.
목표를 잃어버리지 말라.
너의 눈을 그 땅에서 떼지 말라.
온 마음을 다해 그 땅을 바라보라.

나의 천사를
네 앞서 보내리라.
그 땅의 사람들과 함께 지내라.
젖과 꿀이 흐르는 땅에 이르게 하리라.

나는 너희와 함께
올라가지 아니하리라.
그 땅을 너희에게 맡기리니
그 땅을 생명의 땅으로 만들어가라.

너희 몸에서 장신구를 떼어내라.
몸을 단장하지 말고 마음을 단장하라.

사치와 허영은 나에게서 멀어지게 하는 것이니
겸손과 말씀으로 마음을 채우라.

거룩한 곳을 거룩하게 여기고
생명을 너희 몸처럼 귀하게 여기라.
한 순간이라도
마음을 잃어버리지 말라.

내가 너희를 쉬게 하리라.
내 이름을 네 앞에 선포하리라.
은혜 베풀 자에게 은혜를 베풀고
긍휼히 여길 자에게 긍휼을 베풀리라.

생명의 길을 네게 보이리라.
생명을 너에게 알려주리라.
그 백성을 나의 백성으로 여기리라.
나의 영광을 그에게 보여주리라.

여호와께서 모세에게 이르시되 너는 네가 애굽 땅에서 인도
하여 낸 백성과 함께 여기를 떠나서 내가 아브라함과 이삭과
야곱에게 맹세하여 네 자손에게 주기로 한 그 땅으로 올라가
라. Exodus 33:1

102. 두 번째 돌판

다시 시작하라.
다시 축복하리라.
두 번째 계명을 주리라.
두 번째 돌 판을 만들라.

네가 깨뜨린 처음 판의 말을
내가 그 판에 다시 쓰리니
아침에 거룩한 산으로 올라와
산꼭대기에서 나에게 보이라.

아무도 너와 함께 오르지 말며
아무도 내 앞에 나타나지 못하게 하라.
양과 소도 산 앞에서 먹지 못하게 하라.
너만 혼자 나의 산에 올라오라.

나는 스스로 있는 자라.
은혜롭고 자비롭고
자비를 천대까지 베풀며
악과 과실과 죄를 용서하리라.

그러나 벌을 면제하지는 아니할 것이요
아비의 악행을 자손 삼사 대까지 갚아야 하리라.

죄가 무서운 줄을 알라.
생명의 계명을 지키라.

보라, 내가 나의 언약을 세우나니
내가 온 땅 아무에게도 행하지 않은 이적을
너희에게 행할 것이라.
모든 나라의 백성이 그것을 보게 되리라.

내가 오늘 네게 명하는 것을
너는 마음 판에 새기고 삼가 지키라.
네가 들어가는 그 땅의 사람들을 따르지 말라.
그것이 너희에게 올무가 될까 하노라.

그들의 우상을 섬기지 말라.
나는 질투라 이름하는 질투의 하나님인즉
생명의 절기를 지키라.
이 말을 기록하여 평생의 언약으로 삼으라.

여호와께서 모세에게 이르시되 너는 돌판 둘을 처음 것과 같
이 다듬어 만들라. 네가 깨뜨린 처음 판에 있던 말을 내가 그
판에 다시 쓰리라. Exodus 34:1

103. 광채

매일 아침 당신의 산에 오릅니다.
그 산에서 당신을 만나
하늘의 빛을 얻습니다.
언제나 당신을 바라봅니다.

세상에서 바랄 것이 무엇이 있습니까?
날마다 그 길을 걷습니다.
당신 앞에 무릎을 꿇고
사랑의 노래를 바칩니다.

생명의 주여!
존재의 근원이여!
내 안에 당신이 있습니다.
당신의 빛이 나의 희망입니다.

당신을 통해
한줄기 빛이 비쳐옵니다.
나를 통해
그 빛이 퍼져나갑니다.

나 자신이 부끄러워
얼굴을 가립니다.

당신 앞에 나는
설 수가 없습니다.

초라한 내 모습이
밝히 드러납니다.
억눌린 감정과 욕망으로 뭉쳐진
내가 서기에 있습니다.

당신을 향해 자리에 앉습니다.
나 자신을 바라봅니다.
당신의 거룩한 빛으로
나를 불태웁니다.

어머니의 수건으로
내 얼굴을 가립니다.
생명의 여호와여!
그것만이 살 길입니다.

이스라엘 자손이 모세의 얼굴의 광채를 보므로 모세가 여호와
께 말하러 들어가기까지 다시 수건으로 자기 얼굴을 가렸더라.
Exodus 34:35

104. 영광

온 세상에 당신의 영광이 가득합니다.
떠오르는 태양에도
한 점 부는 바람에도
당신의 영광이 묻어있습니다.

내가 누릴 최고의 기쁨은
당신의 영광을 느끼는 것입니다.
내가 누릴 최고의 행복은
당신의 영광을 따르는 것입니다.

날마다 당신을 만나
영원의 시간에 들어갑니다.
순간에서 영원으로
시간을 넘나듭니다.

당신이 가지 않으면
나도 가지 않습니다.
당신이 움직이지 않으면
나도 움직이지 않습니다.

당신이 말씀하지 않으면
나도 입을 열지 않습니다.

당신은 나의 전부이니
당신만을 따릅니다.

내가 받는
최고의 영광.
당신이 품어주는
그 사랑입니다.

나에게 임하소서!
이곳에 내려오소서!
당신과 함께
길을 걷게 하소서!

목이 말라 쓰러져도
배가 고파 죽어가도
조롱을 당하고 핍박을 당해도
이 길을 가는 것이 나의 영광이오니…

낮에는 여호와의 구름이 성막 위에 있고 밤에는 불이 그 구름
가운데 있음을 이스라엘의 족속이 모든 행진 하는 길에서 그
들의 눈으로 보았더라. Exodus 40:38

에필로그(Epilogue)

매일 아침 일어나 나의 마당을 쓸며
나는 누군가를 기다려왔습니다.
자리에 앉아 당신을 부르며
수없는 기도를 드렸습니다.

새들은 소리를 지르며 먹이를 찾고
물고기들은 솟구치며 유영을 합니다.
이렇듯 세월은 흘러 여기까지 내려왔고
남은 세월은 얼마인지 알지를 못하는데
아직도 그대의 모습은 보이지 않습니다.

기다리는 것이 너무 깁니다.
우리는 너무 오래 기다려왔습니다.
이렇게까지 오래 있어야
하늘이 열리게 된다면
누가 이 길을 걸어갈 수 있겠습니까?

무엇이 희망이며
무엇이 목적인지,
우리는 알지를 못합니다.
아무것도 모르는 기다림이야말로
천형의 지옥입니다.

천년을 기다리면 하늘에 오를지,
만년을 눈감으면 구원이 찾아올지,
몸통이 나무가 되고 눈망울이 별이 되면
그때야 당신은 찾아오실 것인지?

인내에도 한계가 있습니다.
기다림에도 마지막이 있습니다.
언제까지 우리는 한 없이
기다리고 있을 수만 없습니다.
당신도 그것을 아셔야 합니다.

우리가 할 수 있는 일.
탑을 높이 쌓아 올렸고
커다란 배를 지었습니다.
이젠 나머진 당신이 하셔야 합니다.
우리는 그만 자리에서 일어서야 합니다.